blue notes
113

Der junge Goethe ist umgeben von weiblicher Nachsicht und Aufopferungsbereitschaft – Eigenschaften, die er im Laufe seines Lebens immer wieder bei Frauen suchen wird. Doch mit der Liebe tut er sich schwer. Die Frauen, die er trifft, wollen seinem Idealtypus nicht entsprechen. Er versucht, Abhilfe zu schaffen, mit dem, was er am besten kann – seiner Fähigkeit zu fabulieren: Er dichtet den Frauen an, was sie nicht haben, erfindet Liebesgeschichten, die manchmal keine sind, manchmal keine werden können. Seine Imagination ist stärker als die Realität. Erst mit fast vierzig Jahren verliebt er sich gegen Vernunft und Konvention in die reine Wirklichkeit von Christiane Vulpius. Doch nichts ist von Dauer, auch die Wirklichkeit nicht, und so beginnt er als alter Mann von Neuem mit seinen kleineren und größeren Inszenierungen der Liebe. Kenntnisreich stellt Sophia Mott sechzehn Frauen im Leben des Dichterfürsten vor und offenbart dabei einen ganz anderen Blick auf Goethe, zutiefst menschlich und nahbar.

Sophia Mott studierte Kontrabass in Würzburg und Frankfurt und arbeitete in verschiedenen Orchestern. In Heidelberg studierte sie Germanistik und Musikwissenschaften. Sie lebt in Fulda und arbeitet als Musikerin und Autorin. Ihr Roman *Dem Paradies so fern* wurde unter dem Titel *Martha Liebermann – Ein gestohlenes Leben* mit Thekla Carola Wied in der Hauptrolle verfilmt. Bei ebersbach & simon zuletzt erschienen: *Mein Engel, mein alles, mein Ich. Beethoven und die Frauen.*

Johann Wolfgang von Goethe 1779,
porträtiert von Georg Oswald May

Sophia Mott

Goethe und die Frauen

Inszenierungen der Liebe

ebersbach & simon

Inhalt

»Da fühlte sich – o daß es ewig bliebe!« – 7
Maria Szymanowska und die Mutter
Katharina Elisabeth Goethe

»Jenes Erstaunen beim Erwachen sinnlicher Triebe« – 14
Die Schwester Cornelia Friederica Christiana Goethe

»Hat man einmal diese Herzen« – 20
Anna Katharina Schönkopf

»Allerliebster Stern« – 30
Friederike Brion

»Felsweihegesang an Psyche« – 35
Der Kreis der Empfindsamen

»... das ist all nur seit ihr verheurathet seyd« – 42
Charlotte Buff und Maximiliane von La Roche

»Liebe, Liebe, laß mich los!« – 57
Anna Elisabeth Schönemann

»Meine Schwester oder meine Frau« – 71
Charlotte von Stein

»Amors Tempel« – *89*
Angelika Kauffmann und Faustina

»Das arme Geschöpf« – *95*
Christiane Vulpius

»So frisch und rot wie ein Mayenrose« – *111*
Bettine Brentano und Wilhelmine Herzlieb

»Da du nun Suleika heißest« – *119*
Marianne Willemer

»Der Kuß, der letzte« – *127*
Ulrike von Levetzow

Register der Frauen in Goethes Leben – 132
Quellen und ausgewählte Literatur – 140

»Da fühlte sich – o daß es ewig bliebe!« Maria Szymanowska und die Mutter Katharina Elisabeth Goethe

Als er wiederkommt, ist sie gegangen. Ohne Abschied! Ihr Stuhl steht schief am Tisch, als habe sie es sehr eilig gehabt. Dabei ist er doch nur wenige Minuten in seinem Arbeitszimmer gewesen, hat vielleicht nach einer Gegengabe für die selbst gefertigten Präsente gesucht, die sie eben der Familie überreicht hat, nach ein paar Versen oder einer Zeichnung oder einem der Steine, die er in Marienbad gesammelt hat.

Er steht wie erstarrt. Kanzler Müller nähert sich durch den Nebel der Verwirrung: Sie habe doch eben eine letzte Audienz bei Hofe, da könne man nicht zu spät kommen, der Wagen sei bereits vorgefahren gewesen. Goethe hebt den Blick: Bei Hofe also. Die Großfürstin Maria Pawlowna ist somit wichtiger als er. Und ohne Abschied! Dann bricht die herrische Miene zusammen, die Backen fallen ein, die Mundwinkel senken sich grämlich, er schließt die Augen. Die Familie, vollzählig samt den Enkeln Walther und Wolf am Tisch versammelt, hält die Luft an.

Der Kanzler, sagt Goethe sehr leise und dringlich, möge ihr hinterhereilen, sie zurückholen. Es ist allen klar, dass, wenn es nicht gelingt, höchste Gefahr droht, und wer will schon schuld sein, dass Johann Wolfgang von Goethe, der Dichterfürst, nein, Dichtergott, dass dieser Mann also krank wird, weil eine Frau fortgegangen ist, ohne sich zu verabschieden!

Der Kanzler verspricht, zu tun, was er kann, und eilt Maria Szymanowska hinterher.

Er hat sie in Marienbad kennengelernt, in diesem Sommer 1823, mit Ulrike von Levetzow, der letzten Liebe oder der vorletzten oder kommt noch etwas ganz anderes, eine ganz andere? Maria Szymanowska jedenfalls, die europaweit bekannte und berühmte Pianistin, hat ihm vorgespielt, und Goethe hat sich von der Musik überwältigen lassen, sie hat ihn gerührt, bewegt, vielleicht weil er gerade in weicher Stimmung wegen Ulrike war. Ein Erlebnis, das sich zur Erkenntnis des Göttlichen formt. Nun in der Musik. Das ist schon lange nicht mehr vorgekommen. Nicht einmal Beethoven konnte mit seinem Spiel in Goethe diese Empfindung erwecken. Zu sehr fühlte sich der Dichter durch die äußere Erscheinung des Komponisten, seine Grimmigkeit, sein ständiges Grollen und Schimpfen gestört. »... er ist leider eine ganz ungebändigte Persönlichkeit«, hatte er 1812 an den Komponisten Carl Friedrich Zelter geschrieben.

Bei der Szymanowska ist es nun gerade ihre Schönheit, die Harmonie zwischen den Tönen und der Interpretin, die ihm den Weg zum Verständnis der Musik öffnet. Johann Peter Eckermann, vor Kurzem erst in Goethes Leben angekommen und von da an treu jede Unterhaltung mit dem Meister aufzeichnend, fragt ihn, ob die Szymanowska so gut spiele wie Hummel. Das will Goethe nicht beurteilen, aber wenn ein schönes Weib spiele ...

Die Überlegenheit des männlichen Genies ist dagegen eine Selbstverständlichkeit. Wobei Goethes Attraktivität früher durchaus eine große Rolle gespielt haben dürfte bei den Damen, seine schlanke Gestalt, die elegante Kleidung, seine Lebhaftigkeit, sein Selbstbewusstsein. Die äußere Erscheinung hat natürlich ein bisschen gelitten mit den Jahren. In der Mitte seines Lebens ist er dick geworden, dann hat er wieder abgenommen, jetzt trägt er einen kleinen Männerbauch. Die Haare sind zurückgewichen, das Gesicht ist breiter, der Mund schmaler geworden. Noch kann er lebhaft sein, charmant, wenn er in Stimmung ist. Wenn nicht, schweigt er erbarmungslos. Geblieben sind der Ruhm und die Ehrfurcht, aber als Mann hat der Vierundsiebzigjährige seine Anziehungskraft endgültig verloren.

Das wird ihm schmerzlich bewusst in diesem Moment, als die Szymanowska so plötzlich verschwindet. Sie mag es vielleicht sogar aus Rücksicht getan haben, um den älteren Herrn, die meisten nennen ihn jetzt bereits einen Greis, nicht zu sehr in Gefühlswallungen zu versetzen. Aber niemand weiß besser als Goethe, was das plötzliche abschiedslose Verschwinden für eine Wirkung hervorbringt. Er hat diese Technik allzu oft angewandt. Nun ist er selbst betroffen. Ein deutliches Signal: Es war schön mit dir, interessant, aber du bist nur noch ein Eintrag in meinen Memoiren.

Quälende Stunden vergehen. Dann bringen der Sohn August und Kanzler Müller die Pianistin mit ihrer Begleitung, der nicht minder schönen Schwester Casimira Wołoska, zurück. Beide Damen sind in Schwarz gekleidet, da der Hof in Trauer ist. Die Zeichen bei diesem letzten Adieu sind allesamt bedrückend. Es

… unverwüstliche Heiterkeit und Duldsamkeit –
die Mutter Katharina Elisabeth Goethe

überwältigen ihn die Rührung und das Selbstmitleid. Mit Tränen in den Augen umarmt Goethe die Schwestern und sieht ihnen noch lange nach, als sie schließlich über das knarzende Parkett durch die Gesellschaftsräume davongehen. Was bleibt, ist Resümee. Er hat noch beinahe zehn Jahre dafür.

Als Johann Wolfgang Goethe am 28. August 1749 gegen Mittag in Frankfurt auf die Welt kommt, ist die Konstellation der Gestirne wahrscheinlich günstiger als seine Überlebenschancen. Die Wehen haben drei Tage gedauert, das Kind gibt kein Lebenszeichen von sich, es ist blau angelaufen. Die Hebamme und die Großmutter massieren die Herzgrube mit Wein, und plötzlich schlägt es die Augen auf. »Rätin, er lebt«, ruft die Großmutter der Schwiegertochter zu. Ein erster zaghafter Schrei, mehr ein Maunzen, wie ein Kätzchen. Der Junge muss erst ganz viel Luft holen.

Die Mutter, Katharina Elisabeth Goethe, liebt das kleine Wunder hemmungslos. Es ist ihr erstes Kind und dazu gleich ein Stammhalter. Was ihr Wolfgang macht, ist richtig. Sie nennt ihn ihren »Hätschelhans«. Nichts nimmt sie ihm übel. Einmal, als er noch sehr klein ist, sitzt er im Geräms, einer mit einem Holzgitter zur Straße versehenen, offenen Pergola neben der Haustür, und spielt mit dem Kindergeschirr, das ihm die Eltern gerade erst von der *Dippemess*, dem Töpfermarkt, mitgebracht haben. Irgendwann wird ihm das Spiel langweilig. Er wirft Teller und Tassen auf den Hirschgraben, wo sie schön laut zerdeppern. Von den Nachbarskindern angespornt, wird immer weiter Nachschub aus der Küche geholt. Die Mutter erzählt später, sie habe herzlich mit den Leuten auf der Straße gelacht, als sie den Schaden entdeckte.

Die Großmutter väterlicherseits wohnt in einem Zimmer direkt an diesem Flur. Der Enkel Johann Wolfgang erinnert sich sechzig Jahre später in seiner Autobiografie *Dichtung und Wahrheit* an sie als eine »schöne, hagere, immer weiß und reinlich gekleidete Frau«. »Sanft und freundlich« sei sie außerdem gewesen, aber ihr Sohn Johann Caspar wagt es trotzdem nicht, vor ihrem Tod mit dem gewünschten Umbau des Hauses zu beginnen. Er hat große Pläne, nicht nur dafür, sondern auch für die Bildung der Kinder. Auf Ordnung und die strenge Befolgung seiner Stundenpläne legt er Wert. Vielleicht weil er selbst es nicht so einfach hatte. Die Goethes sind Aufsteiger. Der Großvater war Schneider und später Gastwirt. Aber er hat damit ein Vermögen angesammelt, das seine Witwe Cornelia in das große Anwesen im Hirschgraben investiert hat. Im zweigeschossigen Keller lagert der Wein aus ihrem Gasthof an der Zeil. Noch 1770 ist der etwa 40 000 Gulden wert. Im Flur riecht es immer ein bisschen süßsäuerlich.

Als Katharina Elisabeth Textor den künftigen Erben dieses enormen Vermögens Johann Caspar heiratet, ist sie siebzehn, der Bräutigam achtunddreißig. Die Mutter ist ihren Kindern näher im Alter als ihrem Mann. Aber sie gleicht ihre Jugend durch eine unverwüstliche Heiterkeit und Duldsamkeit gegenüber den Launen des verschrobenen, lehrhaften und pedantischen Ehegemahls aus. Die Kinder – es werden nach Johann Wolfgang noch fünf weitere geboren, aber es überleben nur drei, nämlich Johann Wolfgang, die Schwester Cornelia und Hermann Jakob, der mit acht Jahren stirbt – flüchten unter die Fittiche der Mutter, die immer bereit ist, ein Vergehen zu vertuschen, zu entschuldigen oder wenigstens die Strafe abzumildern. Der junge Goethe ist von weiblicher Nachsicht und Aufopferungsbereitschaft umhüllt.

Das ist es, was er im Laufe seines Lebens immer wieder bei den Frauen sucht und erwartet. Doch mit der Liebe tut er sich schwer. Die Frauen, die er trifft, wollen seinem Idealtypus nicht so einfach entsprechen. Goethe versucht Abhilfe zu schaffen, mit dem, was er am besten kann. Mit seiner Fähigkeit zu fabulieren. Den Frauen, denen er begegnet, dichtet er an, was sie nicht haben, erfindet Liebesgeschichten, die manchmal keine sind, manchmal keine werden können.

Seine Imagination ist stärker als die Realität. Sie ist so stark, dass selbst Frauen wie Charlotte Buff ihr beinahe, Friederike Brion und Charlotte von Stein ihr ganz erliegen. Erst mit fast vierzig Jahren verliebt er sich gegen die Vernunft und die Konvention in die reine Wirklichkeit von Christiane Vulpius. Doch nichts ist von Dauer, auch die Wirklichkeit nicht. Er beginnt als alter Mann wieder mit seinen kleineren und größeren Inszenierungen der Liebe.

»Jenes Erstaunen beim Erwachen sinnlicher Triebe«
Die Schwester Cornelia Friederica Christiana Goethe

Die ersten Jahre müssen im wahrsten Sinne des Wortes ziemlich düster gewesen sein. Ein Haus, nein zwei mittelalterliche Fachwerkhäuser mit kleinen Fenstern, kleinen Zimmern, schmalen Treppen. Durchbrüche in der Brandmauer verbinden die verschieden hohen Geschosse. Alles ist verwinkelt und unübersichtlich. Für die Kinder ein großer Spielplatz, aber auch ein Labyrinth. Man könnte sich darin verirren wie in einem dunklen Wald.

Sitzt da nicht etwas in der Ecke? Das alte Holz knackt. Kommt da nicht ein Geist, ein Kobold? Der Vater will, dass die Geschwister ihre Angst überwinden. Sie müssen nachts in ihren Betten bleiben. Beinahe so unheimlich wie der gefürchtete Geist steht er fremd und beängstigend in seinem Morgenmantel vor ihnen.

Die Mutter verwöhnt sie mit selbst erfundenen Geschichten. Sie sitzt in ihrem grünen Sessel, von den Kindern der Märchensessel genannt, und erzählt. Wenn es nicht nach seinem Sinn geht, wird Wolfgang wütend. »Nicht wahr, Mutter, die Prinzessin heirathet nicht den verdammten Schneider, wenn er auch den

*»Manche Irrungen und Verirrungen …
teilten und bestanden die Geschwister Hand in Hand …«*

Riesen totschlägt«, soll er gesagt haben, und dann läuft er schnurstracks zur Großmutter ins Hinterhaus, um ihr zu erzählen, wie es weitergehen muss.

Ob die Ablehnung eines schlichten Schneiders als Mann für eine Prinzessin einem frühkindlichen Trauma entsprang? Goethe sprach nie über den, in seinen Augen, nicht ganz so präsentablen Großvater. Vielleicht hat sich aber auch Bettine von Arnim in der Wiedergabe der Geschichte, die sie Jahre später Wolfgangs Mutter ablauschte, geirrt.

Wie auch immer, zwischen Mutter und Großmutter gibt es ein »geheimes diplomatisches Treiben«, und am nächsten Tag fährt die Mutter genau so fort, wie der Sohn es gewünscht hat. Die Macht seiner Fantasie. Hat Cornelia keinen Antrieb, auch etwas zu erfinden? Gegen den älteren Bruder, der ihr so nah ist und doch immer dieses eine Jahr voraus, ist schwer anzukommen. Sie ist seine erste Zuhörerin, seine erste Leserin, sein Echo, niemals die Ruferin.

Gegen den übermächtigen Vater bilden sie ein verschworenes Paar, das sich zumindest in seinen Traumwelten der väterlichen Strenge entzieht. Sie lesen Klopstock, der gerade mit seinem *Messias* Furore macht, und lernen ganze Passagen auswendig. Der Vater hat dieses neumodische Zeugs in Hexametern, die für ihn keine richtigen Verse sind, eigentlich verboten. Umso interessanter! Hinter dem Ofen spielen die Kinder leise eine Szene aus dem Versepos nach, während sich der Vater für den Sonntag rasieren lässt.

»Hilf mir! Ich flehe dich an, ich bete, wenn du es forderst, / Ungeheuer, dich an! Verworfner, schwarzer Verbrecher, / Hilf mir!«, zischt Cornelia leise und packt den Bruder, der den Teufel gibt, an der Jacke. Dann geht das Temperament mit ihr durch, und sie ruft laut mit verstellter Stimme: »O wie bin ich zermalmt!« Der Barbier schüttet vor Schreck das Seifenwasser auf Vater Goethes Hemd. Zum Glück hat er nicht schon das Rasiermesser angesetzt. Ein hochnotpeinliches Kreuzverhör wird veranstaltet. Die Kinder gestehen alles und müssen das heimlich von einem Freund der Familie ins Haus geschmuggelte Buch abliefern.

Die dauernde Kontrolle des Vaters muss die Kinder gequält haben. Johann Wolfgang nutzt jede Gelegenheit, um zu fliehen. Nach dem Tod der Großmutter hat der Vater endlich das neue Haus an gleicher Stelle bauen lassen, großbürgerlicher, mit einer breiten Treppe, schönen, hellen Räumen, auch für die Kinder. Wolfgang muss trotzdem raus, streunt durch die Stadt. Cornelia kann das nicht. Wenn sie Freundinnen besucht oder einen Lehrer, wird sie von einem Diener begleitet.

Umso mehr ist der Bruder Berichterstatter aus dem wahren Leben. Erzählen kann er ja. Und Cornelia kann zuhören. Eine beinahe unauflösliche Symbiose. Um sie muss er nicht kämpfen. Sie liebt ihn, er liebt sie, sie versteht ihn, er versteht sie. Keine Erklärungen sind nötig, wenn sie sich über Kunst unterhalten, wenn Namen wie Klopstock oder Shakespeare fallen.

Aber was ist mit dem Eros, der Anziehung jenseits alles Vertrauten, die in ihnen gerade erwacht? Ausrichtung der Elementarteilchen in Richtung des verbotenen Objekts? Die Anziehung war da, das bekennt der alternde Goethe in *Dichtung und Wahrheit*, und das ist schon sehr viel für einen Mann, der gerne in der Erinnerung alles als schöne, zumindest lehrreiche Fügung darstellt, die er irgendwann in unsterbliche Literatur verwandelt. »Jenes Interesse der Jugend, jenes Erstaunen beim Erwachen sinnlicher Triebe, ... manche Irrungen und Verirrungen, die daraus entspringen, teilten und bestanden die Geschwister Hand in Hand und wurden über ihre seltsamen Zustände um desto weniger aufgeklärt, als die heilige Scheu der nahen Verwandtschaft sie, indem sie sich einander mehr nähern, ins klare treten wollten, nur immer gewaltiger auseinander hielt.«

Der Bruder versucht sich mit der Schar von Freundinnen, die Cornelia um sich hat, zu trösten. Man macht Ausflüge, trifft sich zum Musizieren und zum Spiel. Die Jeunesse dorée unter sich. Es schließen sich erste feste Pärchen zusammen. Nicht fürs Leben, aber immerhin. Nur die Schwester findet niemanden, was der Bruder mit zwiespältigen Gefühlen beobachtet. Cornelia prüft sich im Spiegel. Akne plagt sie, Pickel blühen auf ihrer hohen Stirn, die durch die Mode der Zeit, einem Turm aus Haaren, der straff aus dem Gesicht heraus nach oben gekämmt ist, noch betont wird. Der Bruder, der die gleiche lange Nase hat, die gleiche hohe Stirn, gilt als schöner junger Mann. Die Freundinnen umschwirren ihn, und er umschwirrt sie. Sie wissen viel früher als die Schwester, was die neueste Mode ist und wie man sie trägt. Cornelia dagegen fühlt sich darin verkleidet. Bisher hat sie es nie nötig gehabt, sich schön zu machen. Bei Goethes zu Hause gelten einzig die Bildung, der klare Verstand, der unablässige Fleiß. Dem Vater ist es herzlich egal, dass sich dabei Cornelias Fähigkeit zur weiblichen Camouflage nicht entwickelt. Gerade beginnen die Mädchen und Jungen zu vergleichen: Spieglein, Spieglein an der Wand … Wer bin ich? Wie bin ich? Und was bekomme ich dafür?

Wolfgang ist froh, als sie endlich auch einen Kavalier findet, Arthur Lupton, einen jungen Engländer. Der kann ihm im Grunde nicht gefährlich werden. Alles ist nur ein Spiel. Und damit nicht doch zu viel Ernst aufkommt, schlägt ein Freund eine Art Partnertausch vor. Die Mädchen greifen in den Lostopf und haben nun eine Woche lang einen neuen Verehrer, der sich um sie bemühen muss und sie begleitet, zumindest solange sich beide in dem Freundeskreis befinden. Jetzt können die festen Paare nicht mehr ständig zusammen turteln, und die, die keinen oder keine haben, empfinden sich nicht als abgehängt.

Trotz all dieser Geselligkeiten fühlt sich Johann Wolfgang nicht frei. Der Vater versucht, ihn neben den Lehrstunden mit Schreibarbeiten zu beschäftigen: Briefe, Anträge, Rechnungen. Der Sohn sehnt das Studium herbei. Nicht nach Göttingen geht es, wie er es sich gewünscht hat, um dort Altertumskunde zu studieren und sich an den klassischen Dichtern zu bilden, um selbst einer zu werden, sondern nach Leipzig zum Jurastudium, wie einst der Vater, da lässt der nicht mit sich verhandeln. Aber Hauptsache, erst einmal weg von zu Hause.

»Hat man einmal diese Herzen«
Anna Katharina Schönkopf

Es wird sich am 30. September 1765, einen Tag nach Michaelis, die ganz Familie an der Poststation im Nürnberger Hof eingefunden haben, um ihn zu verabschieden: Der Vater voller Stolz, die Mutter voller Sorgen – sie wickelt ihren Hätschelhans in Decken und Mäntel – und die Schwester voller Kummer, weil sie nun allein zurückbleibt. Er hat aber versprochen, sie nachzuholen. Vielleicht flüstert er es ihr noch einmal ins Ohr: Keiner kann uns trennen. Wir werden studieren, debattieren, uns unsere Texte vorlesen und uns mit gelehrten Freunden treffen. So ungefähr stellen sie sich ihre Zukunft vor. Nur einer von beiden wird so leben.

Der angehende Studiosus reist mit dem Buchhändler Fleischer und seiner Frau, Freunden der Eltern. Die Fahrt dauert an die vier Tage. Das Wetter ist schlecht. Die Wege sind aufgeweicht. Die Mutter hat sich nicht umsonst Sorgen gemacht. Zwischen Hanau und Gelnhausen müssen die Reisenden bereits aussteigen und im Dunkeln eine Anhöhe zu Fuß hinaufsteigen. Zu groß ist die Gefahr, dass der Wagen umkippt und den Berg hinunterstürzt. Ein zeitgemäßes Risiko. Es hängt im 18. Jahrhundert das ganze Leben noch an seidenen Fäden. Bei Auerstedt in Thüringen bleibt der Wagen dann im Schlamm stecken, und die Männer

»... eine Seligkeit, um die man gern ein Fegfeuer aussteht,«
Anna Katharina Schönkopf

müssen schieben. Johann Wolfgang ist ein schmaler junger Mann, aber er legt sich ins Zeug und zieht sich eine Zerrung zu, an der er noch jahrelang herumlaborieren wird.

Die Ankunft in Leipzig überwältigt ihn. Alles scheint ihm hier größer, schöner, moderner als in Frankfurt. Man gibt sich französisch, Klein-Paris nennt man sich voller Stolz. Die finsteren mittelalterlichen Häuser und Gassen sind, anders als in Frankfurt, bereits breiten Straßen und großen Wohnblocks gewichen. Goethe wohnt im Haus »Zur großen Feuerkugel«. Ein Brandgeschoss ist im Dreißigjährigen Krieg im Dachstuhl gelandet, ohne allerdings das Haus ernstlich zu beschädigen. Der Studiosus hat »ein paar artige Zimmer« hofseitig, wie es in *Dichtung und Wahrheit* heißt.

In Leipzig will er einen »glänzenden Zustand« erreichen. Die Damen sollen in Ohnmacht sinken oder wenigstens in Tränen ausbrechen, wenn sie seine Gedichte hören, die Mitstudenten ihn als neuen Stern am Himmel der Poeten feiern, die Professoren ihn voller Erstaunen in ihren Vorlesungen erwähnen. Er hat mit seinen hochfliegenden Ambitionen allerdings nur geringen Erfolg. Er doziert, er rezitiert, er philosophiert, aber er geht den Menschen damit nur auf die Nerven. Hat denn schon jemals jemand etwas von dem jungen Mann gelesen? Ist er gedruckt worden? Nicht? Na, dann kann es ja nicht so weit her sein mit seiner Kunst.

Was prosaischere Vergnügen angeht, gibt Goethe den Unnahbaren. Er will nicht Karten spielen, er will nicht tanzen, er kann nur schlecht Klavier spielen, aber wie dem Fuchs, dem die Trauben zu hoch hängen, lädt er alle Schuld für seine gesellschaftlichen Misserfolge auf die Leipziger ab. Die Mädchen seien kokett, ungebildet und dann wieder zu belesen, also seinen Bildungsbemühungen nicht mehr zugänglich. Die Dozenten an der Universität seien langweilig, altmodisch und steif. Er ist sechzehn Jahre alt, größenwahnsinnig, verletzbar, unerfahren, zum ersten Mal von zu Hause fort.

Die Damen sticheln über seine altmodische Garderobe. Auch das noch! Der Vater hat sie vom Hausdiener, der zugleich als Schneider fungiert, nähen lassen. Der hat zwar die teuersten Stoffe verwendet, wahrscheinlich sind sie schwer und widerstandsfähig, aber der Schnitt entspricht überhaupt nicht der neuesten Mode. Als der junge Goethe in der Komödie die lächerliche Gestalt eines »poetischen Dorfjunkers« in ähnlicher Aufmachung sieht und sich das Publikum vor Lachen auf die Schenkel schlägt, hat er verstanden. Er tauscht seine Garderobe kurzerhand gegen weiße, seidene Hosen und modische Accessoires wie Haarbeutel und Degen.

Johann Adam Horn, genannt Hörnchen, der ein paar Monate später ebenfalls aus Frankfurt zum Studieren kommt, ist schockiert. »Ich kann gar nicht einsehen, wie sich ein Mensch so geschwind verändern kann«, schreibt er einem gemeinsamen Freund. Nicht nur die stutzerhafte Garderobe, sondern auch seine affektierten Gesten und sein gravitätischer Gang seien zum Lachen. Er sei einfach nicht mehr er selbst.

Rettung naht, als er den Mittagstisch wechselt und nun gemeinsam mit Hörnchen das Gast- und Weinhaus der Familie Schönkopf besucht. Dort fühlen sich beide ganz zu Hause. Frau Schönkopf ist Frankfurterin.

Man bewirtet zur Zeit der Messe viele Besucher aus der Heimat. Hier kann Goethe endlich wieder »babbeln«, wie ihm der Schnabel gewachsen ist. Hier fühlt er sich sicher. Und er verliebt sich in die Tochter des Hauses, Anna Katharina, genannt Käthchen. »Ich liebe ein Mädchen ohne Stand und ohne Vermögen, und jetzo fühle ich zum allerersten Male das Glück, das eine wahre Liebe macht«, schreibt er im Oktober 1766 an seinen Freund Moors.

Sie ist neunzehn Jahre alt, also älter als er, sicher auch erfahrener. Es gibt rasche Zärtlichkeiten zwischen Tür und Angel. Zettelchen gehen hin und her. Einmal haben sie mehrere Stunden für sich. Da ist die Mutter in der Komödie. Das ist der erotische Höhepunkt. Vor dem »Letzten« schreckt Käthchen allerdings noch zurück. Gerade das reizt Goethes Fantasie: »Die schöne Scham, die sie ohngeachtet unsrer Vertraulichkeit so oft ergreift ... dies zitternde Bemühen, sich aus meinen Armen zu winden ..., das ist eine Seligkeit, um die man gern ein Fegfeuer aussteht«, schreibt er im November 1767 an seinen neuen Freund Ernst Wolfgang Behrisch. Der ist Hofmeister im Haus des Grafen von Lindenau und nimmt sich des studentischen Jungfuchses an. Er führt ihn zu Mädchen, die, wie Goethe es beschreibt, »besser als ihr Ruf sind«. Hat er hier die ersten sexuellen Erfahrungen gemacht, die über die Schmusereien mit Käthchen hinausgehen?

Behrisch ist aber auch der Erste und Einzige in Leipzig, der das Talent seines Freundes erkennt. Er schreibt seine Gedichte in kalligrafischer Schönschrift ab. Zum Druck scheint ihm das pubertär auftrumpfende Frühwerk wohl nicht geeignet, außerdem hat er etwas gegen Gedrucktes. Es entsteht eine kleine Sammlung, die »Annetten« gewidmet ist, so nennt Goethe Käthchen, vielleicht um eine Entdeckung durch die Eltern zu verhindern. In den Gedichten finden sich die Gefühle dieser Zeit wieder. Und der junge Student scheint schon alles zu wissen, was man über Frauen wissen muss. Das mutet manchmal unfreiwillig komisch an. Er sprüht nur so vor Weisheiten und Erfahrungen, die er angeblich gesammelt hat, wie im Gedicht *Ziblis*: »Leicht sind Mädgen zu erquikken, / Oft ist ihre Krankheit Spas.« Und dann gibt er ein bisschen an: »Wacht, denn da ist nichts zu scherzen. / Seyd viel lieber klug als kalt. / Zittert stets für eure Herzen. / Hat man einmal diese Herzen; / Ha! Das andre hat man bald.«

Hat er »das andre« jemals bekommen? Von Käthchen bestimmt nicht. Sie ist klug genug. Für Wolfgang ist, bei allem Gefühl, seine Verliebtheit die Blaupause, um dramatische Briefe an seinen Freund Behrisch senden zu können. Seine Wahrheit ist die Dichtung. Vielleicht ist also diese Szene nur seiner Fantasie entsprungen: Obwohl er mit Fieber im Bett liegt, folgt er Käthchen eifersüchtig, als er erfährt, dass sie in die Komödie gegangen ist. Er findet sie in einer Loge. Hinter ihr steht sein Nebenbuhler »in einer sehr zärtlichen Stellung«. Goethe verfolgt jede seiner Bewegungen mit dem Opernglas. Die Geliebte scheint den anderen abblitzen zu lassen, aber der Eifersüchtige ist sich nicht sicher. Schließlich eilt er in Verzweiflung nach Hause und schreibt an Behrisch: »Aber ich liebe sie! Ich glaube, ich tränke Gift von ihrer Hand. Verzeih mir Freund. Ich schreibe wahrlich im Fieber …«

Die Fieberkurve steigt und sinkt zwei Jahre lang. Er macht ihr Szene um Szene, dann schreibt er im März 1768: »Höre, Behrisch, ich kann, ich will das Mädchen nie verlassen! Und doch muß ich fort, doch will ich fort. Aber sie soll nicht unglücklich sein.«

Sie ist gar nicht unglücklich. Sie ist irgendwie froh, ihn endlich los zu sein. Dieses ewige Theater, die ständigen Vorwürfe, die Eifersucht. Außerdem ist ihr Goethe zu jung, er hat sein Studium noch nicht abgeschlossen, er hat es noch nicht einmal richtig aufgenommen. Da ist nur das Vermögen des Vaters, das reibt er ihr später noch einmal unter die Nase. Das große Haus in Frankfurt, die vielen Zimmer beeindrucken sie nicht mehr. Sie heiratet Christian Carl Kanne, einen ordentlichen Juristen, der später Senator und Vizebürgermeister von Leipzig wird, und steigt damit in die gleichen gesellschaftlichen Sphären wie Goethes Großeltern Textor auf.

Goethe aber schreibt ein kurzes Schäferspiel, *Die Laune des Verliebten*, und das Lustspiel *Die Mitschuldigen*. Damit ist die Liebe zu Katharina Schönkopf hinreichend ausgeschlachtet.

Die Schwester Cornelia bekommt von alldem nichts mit. Der Bruder erwähnt zwar einmal in einem Brief seine Neigung zu einem Mädchen, das seine Wäsche besorgt. Dann protzt er ein bisschen mit seinen Abenteuern. Sonst bleibt er vage. Natürlich kann er sie nicht in alles einweihen. Nur Andeutungen also von »Mädgen«, nichts aber von Ausflügen mit Behrisch zu amourösen Abenteuern, nichts davon, dass er seine Kollegien nicht so häufig besucht, wie er sollte. All das würde dann auch der Vater erfahren, der oft im selben Brief eine Nachschrift erhält.

Dann bricht der Bruder den Briefkontakt ganz ab. Ein Jahr lang soll Cornelia außerdem keine Romane mehr lesen, damit sie ihren Geschmack nicht verdirbt. Erst wenn er zurück in Frankfurt ist, will er sich ganz ihrer Erziehung widmen. Noch einen Erzieher kann Cornelia nun wirklich nicht brauchen.

Die Rückkehr wird nicht so triumphal, wie Wolfgang es sich vorgestellt hat. Im Juli 1768 erkrankt er schwer. Mitten in der Nacht erwacht er in seiner Wohnung in Leipzig. Sein Magen schmerzt, als wäre die Feuerkugel, die dem Haus den Namen gegeben hat, dort eingeschlagen. Er hustet, übergibt sich. Alles ist voller Blut! Er kriecht aus dem Bett, schafft es auf den Hausflur und pocht verzweifelt an die Tür des Nachbarn. Ein Arzt wird gerufen. Mehrere Tage schwankt er zwischen Leben und Tod.

Das Merseburger Bier, zu viel Kaffee, eine ungesunde, unausgeglichene Lebensweise, die auch die Psyche in Mitleidenschaft zog, und das modische Kaltbaden hätten seinen Organismus in Unordnung gebracht, erklärt Goethe Jahre später. Aber er erfährt von ganz vielen Menschen Hilfe und Zuspruch, selbst von denen, die er in der Vergangenheit durch seinen »krankhaften Widersinn«, die dunkle Seite seines sonst so einnehmenden Charakters, verärgert hat.

Im September 1768 geht es zurück in die Heimatstadt. Das Wetter ist gut, die Reisegesellschaft angenehm. Doch je näher er Frankfurt kommt, desto größer werden seine Ängste und Bedenken. Er ist weder ein großer Dichter noch ein Doktor der Jurisprudenz geworden. Was wird also der Vater sagen, was die Schwester denken, der er so vollmundig versprochen hatte, sie an den Früchten seiner Arbeit teilhaben zu lassen?

Als er ihnen endlich gegenübersteht, ist die Familie einigermaßen entsetzt, nicht über seine Misserfolge, sondern über sein kränkliches Aussehen. Das bewahrt ihn vor der Inquisition des Vaters. In diesem Zustand kann man ihm doch keine Vorwürfe machen! Was ist bloß aus Mutters Hätschelhans geworden? Den hypochondrischen Sohn verführt das zu einer Verlängerung der Schonfrist durch verschiedenartigstes Kränkeln, von Mutter und Schwester umsorgt und gepäppelt. Der Vater umschleicht das Krankenzimmer, holt die besten Ärzte. Gegen die Mutter- und Schwesterliebe hat er keine Chance.

Aber es gibt auch ernsthaftere Leiden. Eine Geschwulst am Hals muss operiert werden. Wolfgang fürchtet, dass er sich eine Geschlechtskrankheit zugezogen hat. An Christoph Gottlob Breitkopf, den er in Leipzig kennengelernt hat, schreibt er im August 1769: »Nun, nun, das arme Füchslein, wird nach und nach sich erholen.« Er spielt damit auf Äsops Fabel an, in der der Fuchs in eine Falle gerät und seinen Schwanz verliert. Dann fährt er fort: »Nur eins will ich dir sagen, hüte dich ia vor der Lüderlichkeit. Es geht uns Mannsleuten mit unsern Kräfften, wie den Mädgen mit der Ehre, einmal zum Hencker eine Jungferschafft, fort ist sie. Man kann wohl so was wieder quacksalben, aber es wills ihm all nicht thun.« Der Arzt nimmt erst einmal ein Bild von rosigen, nackten Mädchen ab, um die Verwirrung des Patienten etwas zu mildern. Die Angst vor einer Geschlechtskrankheit bleibt lebenslang Goethes größte Panik. Immerhin müsste er in diesem Falle aber in Leipzig ein sexuelles Erlebnis gehabt haben. Wahrscheinlich hat ihm die Furcht vor der Syphilis erst einmal die Lust auf weitere Abenteuer verdorben.

Die Stimmung ist weiter angespannt im Hause Goethe. Der Vater glaubt, die Krankheit des Sohnes sei bestenfalls Einbildung, schlimmstenfalls aber Faulheit. In der Zeit von Wolfgangs Abwesenheit haben sich auch die Fronten zwischen Cornelia und dem Vater verhärtet. Die Mutter klagt dem Sohn ihr Leid: Könnten sich nicht alle vertragen? Der Bruder meint zu wissen, was mit der Schwester los ist. Ein »indefinibles Wesen« sei sie, meint er, »das sonderbarste Gemisch aus Strenge und Weichheit«. Sie will sich ja den Regeln, die für Frauenzimmer gelten, nicht anpassen, sie will sich nicht ändern!

Erst einmal haben sich die beiden aber wieder. Cornelia lebt auf. Sie ist übermütig, witzig, erfindet eine »Koterie-Sprache«, voll von Chiffren, Parolen, Decknamen und seltsamen Andeutungen, die die Geschwister ganz ungeniert vor den Eltern verwenden wie ein Gangsterpärchen. Bonnie und Clyde im Rokokokostüm. Auch bei ihnen wird es kein Happy End geben.

Langsam wird der Vater ungeduldig. Der Sohn soll endlich sein Studium fortsetzen und abschließen. Sie streiten, die Mutter versucht zu besänftigen, doch sein Nest ist Wolfgang verleidet. Er bricht nach Straßburg auf, um sich an der dortigen Universität einzuschreiben.

»Allerliebster Stern«
Friederike Brion

Das Leben in allen seinen Facetten kennenzulernen ist Goethe auch in Straßburg noch immer wichtiger als der Doktortitel in Jura. Er beschäftigt sich mit Medizin, weil seine neuen Freunde vom Mittagstisch alle Mediziner sind, ist bei Operationen dabei, versucht seinen Widerwillen gegen den Geruch von Blut und Eiter zu überwinden. Jeden Tag steigt er auf die höchste Plattform des Münsterturms, um seine Höhenangst in den Griff zu bekommen. Mit Freunden sitzt er oft spätabends noch dort. Sie trinken eine Flasche Wein und schauen in die Weite. Der neue Freund Friedrich Leopold Weyland, geborener Elsässer, erklärt: Da sind die Vogesen, dort der Schwarzwald und dahinten im Norden, in der Ebene, liegt ein Dorf namens Sessenheim. Da habe er Verwandte, eine Pfarrersfamilie, wie aus dem Roman *Der Landprediger von Wakefield* entsprungen, der gerade sehr en vogue ist. Man verabredet, am Wochenende einen Ausflug dorthin zu machen.

Goethe hat sich etwas besonders Lustiges ausgedacht. Ganz so wie im Roman von Oliver Goldsmith, in dem sich der reiche Grundbesitzer Sir William Thornhill als Vagabund ausgibt, wird auch er inkognito auftreten, als armer Theologiestudent mit abgetragenen Kleidern, zu kurzen Rockärmeln und einer seltsamen Frisur. Der

»So tauml' ich von Begierde zu Genuß, /
Und im Genuß verschmacht' ich nach Begierde.«
Friederike Brion und Goethe

Freund hat nichts dagegen einzuwenden. Fröhlich reiten sie durch die von unzähligen Rheinarmen durchzogene Riedlandschaft. Leider sind auch die Mücken in den langsam fließenden Gewässern ziemlich zahlreich. Ohne feine, lederne Strümpfe unter den weißen Seidenstrümpfen zur üblichen Kniehose ist es nicht auszuhalten.

In Sessenheim, Goethe schrieb noch »Sesenheim«, werden sie freundlich empfangen, der Student wird als zukünftiger Kollege von Pfarrer Brion gleich vertraulich ins Gespräch gezogen. Und dann tritt sie auf: Friederike, ein »allerliebster Stern« am ländlichen Himmel. Zwei »gewaltige blonde Zöpfe« und ein »artiges Stumpfnäschen«. Goethe wünscht sich sofort aus seiner lächerlichen Verkleidung heraus. Sein ärmlicher Auftritt scheint Friederike aber nicht abgeschreckt zu haben.

Im Frühjahr und Sommer 1771 wird er zum Mittelpunkt der Dorfjugend um Friederike. Dass beide ineinander verschossen sind, sehen alle. Die Eltern lassen sie gewähren. Der Studiosus macht doch insgesamt – und endlich auch in einem besseren Anzug – einen soliden Eindruck.

Goethe und Friederike sind unzertrennlich. Sie durchstreifen mit Freunden die nähere und weitere Umgebung. Sie rudern zu den Rheininseln, fangen Fische, braten sie über offenem Feuer und werden von den Schnaken malträtiert. Sie gehen auf die dörflichen Feste der Umgebung und tanzen die ganze Nacht durch. Goethe hat in Straßburg endlich Unterricht bei einem richtigen Tanzmeister genommen. Manchmal spazieren sie auch nur zu einem kleinen Hügel, der, von einem

Wäldchen umgeben, am Eingang des Dorfes liegt. Hier sind sie vor neugierigen Blicken geschützt.

War er nun mit ihr intim oder nicht? Manches spricht dafür. Friederike vertraute auf Goethes Liebe. In die Familie war er völlig integriert. Wahrscheinlich erwarteten die Eltern nach seinem Studienabschluss einen Antrag. Da mochte Friederike ihm vielleicht das »Letzte« nicht verweigern. Und Goethe konnte gegenüber dem unberührten Mädchen seine Angst vor Geschlechtskrankheiten vergessen.

Das Gedicht vom Heidenröslein entstand in dieser Zeit: »Und der wilde Knabe brach / 's Röslein auf der Heiden; / Röslein wehrte sich und stach, / Half ihm doch kein Weh und Ach, / Mußt' es eben leiden.«

Heiraten wollte er es trotzdem nicht.

Es entstehen feine Haarrisse in der Idylle. So oft kommt der Student nicht mehr von Straßburg herüber. Im August verabschiedet er sich nach einem letzten Besuch von Friederike. Da weiß sie noch gar nicht, dass damit die Beziehung vorbei ist. Aber das Studium ist beendet, er wird nach Frankfurt zurückkehren. »Es waren peinliche Tage, deren Erinnerung mir nicht geblieben ist. Als ich ihr die Hand vom Pferde reichte, standen ihr die Tränen in den Augen, und mir war sehr übel zu Mute«, gesteht er in *Dichtung und Wahrheit*.

Friederike, und das mag ein weiteres Indiz für eine intime Beziehung sein, hat nie geheiratet, alle Annäherungsversuche anderer Männer zurückgewiesen, sie hat sich vielleicht bereits als verheiratet empfunden. Schließlich war sie eine Pfarrerstochter. Ihre Verwandten haben sich noch viele Jahre später bemüht, die Briefe Goethes aus der Sessenheimer Zeit an seinen Freund Johann Daniel Salzmann zu vernichten oder vernichten zu lassen. Vielleicht hätte man darin von einem Fehltritt Friederikes lesen können. An Salzmann schreibt Goethe über das missglückte Experiment, Literatur zu leben, außerdem: »Ich … fühle daß man um kein Haar glücklicher ist wenn man erlangt was man wünschte.« Ein enttäuschtes Resümee! Und ein erster Anklang an *Faust*: »So tauml' ich von Begierde zu Genuß, / Und im Genuß verschmacht' ich nach Begierde.«

Er hat ja noch ein Leben vor sich.

»Felsweihegesang an Psyche«
Der Kreis der Empfindsamen

Schon in der Kutsche nach Frankfurt verlieren sich die peinlichen Gefühle. Er freut sich auf zu Hause. Und diesmal sieht er aus wie das blühende Leben. Er ist das blühende Leben. Der Vater brummelt ein bisschen, weil die Dissertation von der Fakultät nicht angenommen wurde. Der Dekan hat den Kandidaten sogar als »überwitzigen Halbgelehrten« bezeichnet und gemeint: »Er muß, wie man fast durchgängig von ihm glaubt, in seinem Obergebäude einen Sparren zuviel oder zuwenig haben.« Dem Vater aber gefällt die Dissertationsschrift, diese Professoren haben eben keine Ahnung.

Mit den Thesen, die Wolfgang in einer Disputation verteidigt hat, ist der Studienabschluss so oder so erreicht, und in Deutschland ist es durchaus üblich, den Lizenziaten als »Doktor« anzusprechen. Nur im offiziellen Geschäftsverkehr lässt der frischgebackene Anwalt den Titel weg. Der Vater richtet ihm eine Kanzlei im Haus am Hirschgraben ein. Meistens sitzt er selbst dort und bearbeitet die wenigen Fälle. Wolfgang geht Schlittschuh laufen oder besucht Freunde. Das Leben, an das er sich in Straßburg gewöhnt hat, setzt er nahtlos fort. Natürlich gibt es daraufhin Streit mit dem Vater. Die Mutter muss wieder schlichten.

Ihr Hätschelhans hat sich in diesen anderthalb Jahren

verändert. Ein so schöner junger Mann ist er geworden, selbstbewusster als jemals zuvor! Die in Sessenheim entstandenen Lieder verheißen einen neuen und zeitgemäßen Ton in der Lyrik. Vorbei ist es mit dem verspielten Rokokoton der Anakreontik. Jetzt regiert erst einmal die Natur. Und die kann auch deftig sein.

Goethe plant ein Theaterstück, den *Götz von Berlichingen mit der eisernen Hand.* Der Schwester trägt er begeistert ganze Szenen vor. Beinahe scheint es ihm, als wäre das Stück schon geschrieben. Cornelia mahnt, jetzt auch wirklich Ernst zu machen. Er solle endlich schreiben, statt nur heiße Luft zu produzieren. Da setzt er sich in seiner Dachkammer hin und schreibt. Abends liest er der Schwester vor, sie diskutieren. Der Rausch ihrer gemeinsamen Kreativität. Das Knirschen der Schreibfeder auf dem Papier. Die besten Stunden seines Lebens. Ist das Glück? Nach sechs Wochen ist er fertig.

Ein anderer Plan ist der *Faust.* Schon seit den Straßburger Tagen trägt er den mit sich herum: die auf einer historischen Person beruhende Geschichte eines Magiers und Scharlatans, der während Goethes lebenslanger Beschäftigung mit dem Stoff zu einem besessenen Wissenschaftler mutiert und sich dem Teufel verschreibt, um alles das zu erfahren, was er bis jetzt noch nicht wusste, inklusive der großen Liebe. Goethe fehlt nur ein Trigger, der die alte Geschichte mit seiner Empfindungswelt verbindet.

Am 14. Januar 1772 läuten in Frankfurt die Kirchenglocken. Aufregung herrscht. Die Kinder werden in Sonntagskleider gesteckt. Die Lehrer wandern mit

Caroline Flachsland, alias Psyche, die spätere Frau von Johann Gottfried Herder

ihren Schulklassen zur Hauptwache. Dort ist der Richtstuhl schon gezimmert. Man bereitet die Enthauptung der Kindsmörderin Susanna Margaretha Brandt vor. Wohliges Gruseln bei den einen, Gewaltfantasien bei den anderen. Die hat es doch verdient, die Hure, die sich mit einem durchreisenden Gesellen eingelassen hat, dessen Namen sie nicht einmal kannte. Einige Frauen in der Menge mögen still dem Herrgott gedankt haben, dass sie nicht auch einmal in eine solche Lage geraten sind, schwanger ohne Ehemann. Das kommt in den besten Familien vor. Dort aber werden die Frauen bis zur Niederkunft aufs Land geschickt und das Kind dann zur Pflege gegeben. Oder man zwingt den, der das Mädchen geschwängert hat, zur Heirat.

Mädchen aus ärmlichen Verhältnissen stehen noch vor ganz anderen Problemen. Der Verführer ist meist auf und davon, die Frau verliert vielleicht ihre Arbeit, für eine Pflegemutter reicht das Geld nicht. Das reale Gretchen, eingeschüchtert, verzweifelt und verwirrt, behauptet im Verhör, der Teufel habe sie dazu gebracht, das Neugeborene zu töten. Die Schuld auf irgendetwas Über- oder Unterirdisches abzuschieben bringt ihr nichts. Sie wird zum Tod durch das Schwert verurteilt. Die Henkersmahlzeit, Bratwürstchen, Rindfleisch, Karpfen und Lamm, lassen sich verschiedene Rechtsvertreter schmecken. Essen hält Leib und Seele zusammen. Die Delinquentin trinkt nur einen Schluck Wasser. Ihre Seele braucht den Leib sowieso nicht mehr. Der wird auf einem Karren zum Richtplatz gefahren. Die Schulklassen singen fromme Lieder. Ein Spektakel wie eine Hexenverbrennung. Das Mittelalter lässt grüßen.

Goethe kennt viele Beteiligte am Prozess. Über seinen alten Schulfreund Johann Georg Schlosser, der als Schriftführer des Scharfrichters fungiert, gelangt er an die Akten. Der Arzt, der die junge Frau bis zu ihrer Hinrichtung betreut, ist derselbe, der ihn nach seiner Rückkehr aus Leipzig behandelt hat. Der Prozess und die Hinrichtung beeindrucken und verstören Goethe tief. Wie schnell ein junges Mädchen dem Drängen eines Mannes nachgeben kann! Und was wäre passiert, wenn Friederike schwanger geworden wäre?

Endlich schreibt er einen Abschiedsbrief an Friederike, ängstlich besorgt, vielleicht war ja alles nicht so schlimm, vielleicht hat sie ihm sogar verziehen. Die Antwort Friederikes zerreißt ihm das Herz. Was hat er sich vorgestellt? Dass sie Verständnis für sein Bedürfnis nach Freiheit zeigen oder wenigstens wütend sein würde? »Es war dieselbe Hand, derselbe Sinn, dasselbe Gefühl, die sich zu mir, die sich an mir herangebildet hatten.« Vom Band, das kein »leichtes Rosenband« sein sollte, hatte er ihr gesprochen, von der Reinheit seiner Empfindungen, der Reinheit des Landlebens, der Reinheit seiner Absichten, und wahrscheinlich hatte er es auch eine Zeit lang so gemeint. Er habe sie aus den schlichten Ansprüchen ihres Lebens gerissen. Daran sei sie beinahe zugrunde gegangen, schreibt sie ihm, was auch immer das heißen mag. Er ist schockiert und beginnt zu wandern.

Er wandert in allen Wetterlagen. *Wandrers Sturmlied* wird im Laufen gegen den Wind gedichtet. »Wen du nicht verlässest, Genius ...« Wasser trieft ihm vom Hut, und die seidenen Strümpfe werden nass. Es ist, als bräuchte er genau das. Er fühlt sich auf dem rechten

Weg. Weder Wetter- noch Liebes- noch Vaterstürme werden ihn davon abhalten. Und während der Vater in der Kanzlei Dr. Goethe sitzt, Akten von rechts nach links schiebt, Anmerkungen macht, tändelt der Sohn in Darmstadt mit Psyche, Urania und Lila: Das sind Caroline Flachsland, die heimliche Braut des Dichters und Theologen Johann Gottfried Herder, mit dem Goethe in Straßburg Freundschaft geschlossen hat, und die Hofdamen Henriette von Roussillon und Louise von Ziegler. Gemeinsam liegen sie im Gras, sehen jeder einzelnen Wolke nach und empfinden. Ergibt sich daraus ein praktischer Nährwert? Herder bezweifelt das. Aber es ergibt sich etwas durchaus Greifbares: Literatur! Das ist doch auch was.

Einmal gehen sie in den Wald. Jede der Damen sucht sich einen kleinen Hügel aus, der fortan ihr gehören soll. Goethe will natürlich den größten haben. Er erklettert einen Felsen, ritzt seinen Namen in den Stein. Und er schreibt ein Gedicht für Psyche, den *Felsweihegesang*: »… Wo meine Brust hier ruht, / An das Moos mit innigem / Liebesgefühl sich / Atmend drängt, / Ruhst du vielleicht dann, Psyche. / Trübe blickt dein Aug / In den Bach hinab / Und eine Träne quillt / Vorbeigequollnen Freuden nach; / Hebst dann zum Himmel / Dein bittend Aug, / Erblicktest über dir / Da meinen Namen.«

Das stößt Herder übel auf. Schließlich ist das *seine* Verlobte. Er schreibt eine Parodie auf die rührselige Felsweihe. Goethe nennt ihn einen »intoleranten Pfaffen« und bemüht sich dann um Ausgleich: »Hatte ich unrecht einen Trauerakkord vor eurem Mädgen zugreiffen, musstet ihr mit Feuer und Schwerd dreintilgen. Ich weis wohl, das ist eure Art, ihr werdet nicht davon lassen, gut … Was den Punckt betrifft, soll euch künftig in dem Recht euerm Mädgen melancholische Stunden zu machen kein Eingriff geschehen.« Es dauert eine Weile, bis beide den Groll wieder vergessen.

Auch Cornelia wird in den neuen Kreis mit einbezogen. Sie nennt sich »Sophie«, schreibt Briefe, fährt wohl auch mit nach Darmstadt, empfängt Besuch in Frankfurt. Glücklichste Tage, Hoffnung auf Rettung aus der Hausfrauenfalle.

Herder kommt zu Besuch. Der Bruder ist nicht da. Der Gast bittet sie um Manuskripte von ihm. Sie lehnt hartnäckig ab. Sie weiß ja, dass Wolfgang dem kritischen Freund nur ungern etwas ausliefert. Seine Reaktionen demotivieren ihn. Cornelia als Verwalterin der brüderlichen Kunst – dafür hätte sie sich entscheiden können.

Herder bekommt später von Goethe selbst das fertige Manuskript des *Götz von Berlichingen.* »Er aber, sag's ihm, er kann mich im Arsche lecken!«, kann er darin lesen. Das geht ihm entschieden zu weit. Die Jüngeren finden es toll. Das Rokokogesäusel abgetan. Jetzt stürmt's und drängt's.

»… das ist all nur seit ihr verheurathet seyd« Charlotte Buff und Maximiliane von La Roche

Noch einmal soll der Sohn seine juristische Ausbildung vervollkommnen. Er wird im Mai 1772 nach Wetzlar ans Reichskammergericht geschickt. Dort schreibt er sich als Praktikant ein. Mehr tut er nicht, jedenfalls nichts, was ihn in der Juristerei voranbringen würde. Stattdessen spinnt er eine neue Romanze an. Es ist Charlotte Buff, neben Friederike Brion die berühmteste Liebe Goethes. Sie hat die Fantasien seiner Leserinnen und Leser am meisten angeregt. Seine übrigens auch. Es scheint alles von vornherein darauf angelegt. Denn Lotte, wie er sie nennt, ist bereits vergeben. Wenn das nicht die Vorlage zu einer ganz großen Liebesgeschichte ist!

Goethe lernt sie anlässlich eines Balls auf dem Land in dem kleinen Dorf Volpertshausen kennen. Vermutlich sind sich Lotte und Johann Wolfgang bereits auf der Fahrt dorthin in der Kutsche nähergekommen. Lotte ist hübsch, ohne eine besondere Schönheit zu sein. Sie kümmert sich nach dem Tod der Mutter um die jüngeren Geschwister, steht also mit beiden Beinen auf der Erde, und der Dichter hat Gründe genug, solche Frauen zu bevorzugen, denn mit den Beinen in der Luft steht er ja schon selbst. Aber zugleich ist seine Sympathie für diesen Typus natürlich eine Verzwergung des

»Kleine Brouillerie mit Lottchen ...«
Charlotte Buff

weiblichen Geschlechts, das nur zuständig ist für die täglichen Bedürfnisse, Essen, Trinken, Sex, um alles andere, die geistigen Genüsse, kümmern sich die Männer. »Klopstock«, haucht Lotte, als beim Ball ein Gewitter über dem Land niedergeht und sie in den unheilvoll dunklen Himmel blicken.

Vielleicht ist diese Szene aber auch nur eine Erfindung, denn so steht sie in *Die Leiden des jungen Werthers*, dem Buch, das aus der Wetzlarer Liebe hervorgeht. Verwechslung von Fiktion und Wirklichkeit war schon das Problem der damaligen Leser. Die rührende Szene, in der Lotte den Geschwistern das Brot schneidet, mit dem Messer vor der Brust, Dichtung oder Wahrheit? Ikonisch ist sie allemal geworden. Sicher hat Lotte den Geschwistern öfter so das Brot geschnitten, aber war es genau vor dem Ball, bereits in feiner Toilette und dann die Krümel im Dekolleté? Das Bild hat natürlich eine Bedeutung: So schön wäre es, wenn wir alle so geborgen wären in weiblich-mütterlicher Hand.

Gleich am nächsten Morgen nach dem Ball geht der Praktikant Goethe zum Deutschordenshof, wo Lotte und ihre Geschwister mit dem Vater, dem Amtmann des Deutschordens, Heinrich Adam Buff, leben. Goethe packt wieder seinen ganzen Charme und Witz aus. Er scherzt mit den jüngeren Geschwistern, rauft sich mit den Brüdern auf dem Boden herum. Lachen und Durcheinander.

Und da steht plötzlich ein Mann in der Tür. Goethe erkennt in ihm sofort den Nebenbuhler. Das ist doch dieser Johann Christian Kestner, der auch mit Lotte getanzt hat gestern Nacht. Er kennt ihn vom Gericht.

Goethe schaltet schnell um. Er bezieht den zu diesem Zeitpunkt noch heimlich Verlobten in die Liebe mit ein. Er gesteht ihm offen, wie liebreizend und lebensklug er Lotte findet. Kestner ist die Sache nicht geheuer. Ein alter Studienkollege von Goethe, Johann Heinrich Born, bringt es auf den Punkt: »Wenn ich K[estner] wäre mir gefiels nicht. Worauf kann das hinausgehn? Du spannst sie ihm wohl gar ab!« Goethe ist empört. So eine ist die Lotte nicht. Kurioserweise sagt er nicht, *ich* bin so nicht. Aber er strapaziert die Versuchsanordnung reichlich. Während der arme Kestner tagtäglich fleißig arbeitet und manchmal bis zehn Uhr nachts über seinen Akten sitzt, ist der freche Nebenbuhler ständig bei seinem Mädchen.

Er schreibt Kestner sogar davon. »Inzwischen war ich da, hab Ihnen zu sagen, dass Lotte heut Nacht sich am Mondbeschienenen Tahl innig ergötzt und Ihnen eine gute Nacht sagen wird. Das wollt ich Ihnen selbst sagen war an ihrem Haus, in ihrem Zimmer war kein Licht, da wollt ich nicht Lärm machen.« Das ist wirklich eine starke Herausforderung.

»Nachher ... gehe ich zu meinem Mädchen«, schreibt Kestner ins Tagebuch, »ich finde den Dr. Goede da ... Er liebt sie und ob er gleich ein Philosoph und mir gut ist, so sieht er mich doch nicht gerne kommen, und mit meinem Mädgen vergnügt seyn. Und ich, ob ich ihm gleich recht gut bin, so sehe ich doch auch nicht gern, daß er bey meinem Mädgen allein bleiben, und sie unterhalten soll.« Er wird immer nervöser, schreibt an Lotte: »Ich kann auch unmöglich darüber unzufrieden sein, wenn Sie Anderen gefallen ... Allein sobald das Herz Antheil daran nimmt, sobald ich dieses befürchten muß, so entsteht gegründete Ursache zur Unruhe.« Ganz unbegründet ist die Unruhe tatsächlich nicht. Einmal küsst Lotte Goethe und gesteht es am Abend erschreckt dem Verlobten. Das ist denn doch zu viel für Kestner. »Kleine Brouillerie mit Lottchen, welche anderen Tags wieder vorbei war.«

Sie muss sich entscheiden. So schön es ist, von zwei Männern umschwärmt zu werden, Lotte wählt den zuverlässigeren. Am nächsten Tag behandelt sie Goethe wie Luft, dann lässt sie den Blumenstrauß, den er mitgebracht hat, unbeachtet liegen. Und wieder einen Tag später sagt sie ihm, »daß er nichts als Freundschaft hoffen dürfe. Er ward blaß und sehr niedergeschlagen.«

Seine Zeit in Wetzlar geht zu Ende. Kestner und Goethe feiern gemeinsam ihren Geburtstag am 28. August. Noch einmal tiefe Gespräche über ein Thema, das Goethe nie mögen wird: den Tod. Lotte sagt: »Wer zuerst von uns stirbt, soll wenn er irgend kann, den Andern eine Nachricht vom Zustand jenes Lebens geben.« Der Erste wird Kestner sein. Er stirbt 1800 im Alter von achtundvierzig Jahren. Bei seiner Witwe und dem ehemaligen Freund hat er sich nie gemeldet. Vielleicht hat er Goethe ja noch etwas übel genommen.

Am 10. September macht der sich auf den Weg aus Lottes und Kestners Leben. Sehr melancholisch wandert Goethe an der Lahn entlang zum Rhein. Er zweifelt an sich, seinem Leben und fordert von den Göttern eine Botschaft, für die er sein Taschenmesser, das er gerade in der Hand hält, zum Opfer bringt. Er schleudert es in den Fluss. Wenn er es untertauchen sehen könnte, so werde er ein großer Dichter werden, wenn aber die überhängenden Weidenbüsche das Eintauchen verdeckten, dann würde es nichts mit der Dichterkarriere. Er wirft ungeschickt mit der Linken, das Messer trudelt durch die Luft, plumpst nah am Ufer in die Lahn, das Eintauchen wird von den Weidenästen verdeckt, aber eine große Fontäne springt sichtbar in die Luft. Was soll das jetzt bitte heißen?

Er badet im Schmerz, es ist ein dreifacher. Lotte und das Taschenmesser verloren, und dann hat er noch erfahren, dass da etwas zwischen dem alten Freund Schlosser und seiner Schwester Cornelia läuft. Schlosser will um ihre Hand anhalten. Genau aus diesem Grunde macht der künftige Schwager lieber noch einen kleinen Umweg. Vielleicht löst sich die Liebe in dieser Zeit auf, vielleicht macht Schlosser Fehler, Cornelia fängt an zu zweifeln oder die Eltern stellen sich quer. Goethe ist furchtbar eifersüchtig. Niemals kann ein anderer der Schwester mehr bedeuten als er selbst.

Er verbringt noch ein paar schöne Tage in Ehrenbreitstein am Rhein bei Sophie von La Roche, der berühmtesten und beinahe auch einzigen anerkannten Autorin ihrer Zeit. 1771 hat sie den Roman *Geschichte des Fräuleins von Sternheim* veröffentlicht, ein sensationeller Erfolg. Die La Roche führt in Ehrenbreitstein einen Salon für die empfindsamen Geister der Zeit. Man trifft sich allerdings, anders als es in einer Großstadt möglich wäre, nicht wöchentlich, sondern zu einer Art »Kongress«. Da liest man sich die Briefe der anderen vor. Ein analoges Netzwerk gleichgestimmter Seelen. Zunächst aber ist der Dichter wenig gleichgestimmt mit Frau La Roche. Er hat sie bereits in Darmstadt kennengelernt. »Göthe ist aufgebracht wie ein Löwe gegen sie«, schreibt Caroline Flachsland an Herder. »Sie hat uns mit ihrer allzuvielen Coquetterie und Representation nicht gefallen.« Aber als Goethe nun in Ehrenbreitstein ist, wird er geneigter. Das könnte an der Tochter Maximiliane mit ihren dunklen Augen und Locken liegen.

Irgendwann lässt sich die Rückkehr nach Frankfurt nicht mehr aufschieben. Die Geschwister Cornelia und Wolfgang mögen sich ängstlich genähert haben. Nimmt er mir die Verlobung übel, denkt Cornelia, und der Bruder: Bin ich jetzt abgemeldet? Beide stellen erleichtert fest, dass das alles nicht der Fall ist. Noch liegt die Heirat in scheinbar weiter Ferne. Schlosser muss erst eine feste Anstellung finden. Und so setzen die Geschwister ihr vertrautes Verhältnis fort, vertrauter als jemals, aber etwas hat sich schon verändert. Cornelia hat an Selbstbewusstsein gewonnen. Sie wird geliebt, ein Mann begehrt sie, will sie zur Frau haben. Sie haben Händchen gehalten, ein heimlicher Kuss, er hat sie an seine Brust gedrückt. Cornelia denkt vielleicht: Der Bruder läuft sowieso wieder davon, nach Wetzlar, nach Darmstadt oder nach Italien. Davon ist immer die Rede: Die Reise nach Italien, wie der Vater sie einst unternommen hat. Sie aber muss ihr eigenes Leben führen, sonst bleibt sie bei Vater und Mutter sitzen.

Ende Oktober 1772 ziehen alle hinaus zur Weinlese. Goethes haben hinterm Friedberger Tor einen Wingert. Die Trauben müssen gelesen werden, da wird jede Hand gebraucht, und es ist schließlich auch ein großer Spaß für alle. Es wird viel Pause gemacht, gegessen und natürlich vom alten oder auch schon vom neuen Wein, dem süßen Most, gekostet. Selbst der ernsthafte

Schlosser taut auf. Als es dunkelt, stecken sich er und Goethe Wachslichter auf den Hut und torkeln Arm in Arm nach Hause.

Kurz darauf platzt die Nachricht von Karl Wilhelm Jerusalems Selbstmord in Wetzlar in die Idylle. Goethe kannte ihn aus Leipzig, später haben sie sich am Reichskammergericht in Wetzlar wiedergetroffen. Abends, wenn Goethe mit Lotte spazieren ging, ist er ihm manchmal begegnet. Es heißt, er habe eine verheiratete Frau geliebt. Der Ehemann habe ihn schließlich aus dem Haus geworfen. Jerusalem, ein Mensch mit hohen Anforderungen an sich selbst und wenig Selbstbewusstsein, sah sein Leben als einzigen Fehlschlag, als Last.

So könnte Werther gewesen sein, fährt es Goethe durch den Kopf. Das fehlende Puzzleteil zu der Geschichte, die ihm schon die ganze Zeit im Kopf herumgeht, gefunden! Werther muss sich am Schluss der Geschichte umbringen. Goethe bittet Kestner, ihm eine genaue Beschreibung des Unglücks zu schicken. Er wird Formulierungen daraus wortwörtlich übernehmen.

Der anhaltende Briefwechsel mit Kestner ist merkwürdig genug! Übungen für den *Werther.* Goethe liebt es, sich mit imaginierten Personen zu unterhalten, die er sich im Sessel sitzend vorstellt. All sein Dichten wurzelt im Mündlichen. Später wird er einem Sekretär diktieren. Die Briefe an Kestner mäandern um das ewig Gleiche: Lotte! Dass er ihren Schattenriss über dem Bett hängen habe, dass er von ihr träume, dass er sie liebe, aber nun doch wieder nicht so wie Kestner natürlich, wie glücklich der sein müsse, und dann alles wieder von vorne. Kestner antwortet spärlich.

Im Sommer beginnt Cornelia dann, ihre Aussteuer

zusammenzustellen. Leinen, Wäsche, Decken, Geschirr, Töpfe, Tiegel. Schreibt der Bruder an Schlosser Briefe, so wie an Kestner? Nein, natürlich nicht. Mit Cornelia, das geht tiefer, ganz tief ins Unterbewusste. Daraus kann man kein literarisches Kapital schlagen, daraus will er kein literarisches Kapital schlagen.

Für Lotte und Kestner aber besorgt er sogar die Eheringe. Die Brautleute wagen nicht abzulehnen. Am 4. April 1773 heiraten sie. »Ihr habt mich überrascht«, schreibt Goethe. War er denn nicht eingeladen? Noch einmal reibt er Kestner unter die Nase, dass er den Platz für ihn geräumt habe. »Es kostete mich wenig, und doch begreif ich nicht wies möglich war ...« Kestner scheint sich das verbeten zu haben. Goethe antwortet verletzt: »Mich einen Neider und Nexer zu heissen ..., das ist all nur seit ihr verheurathet seyd.« Kestner ist wahrscheinlich froh, mit Lotte nach Hannover in seine Heimatstadt entfliehen zu können. Da kommt der Plagegeist nicht so schnell hin.

Am 2. Mai 1772 heiraten Herder und Caroline Flachsland. Diesmal ist Goethe eingeladen. Alle heiraten, entfernen sich vom Mittelpunkt, in dem der Dichter so gerne steht. Eigener Haushalt, andere Sorgen, die Prosa des Lebens. Er fühlt sich zurückgelassen.

Im November dann die Hochzeit der Schwester. Die schlimmste von allen Hochzeiten. »Ich verliere viel an ihr, sie versteht und trägt meine Grillen«, schreibt Goethe an Kestner. Er macht gute Miene, aber mehr auch nicht. Das Haus ist voll mit Gästen. Die Verwandten tragen launige Hochzeitsverse vor, wie das so üblich ist. Vom Bruder kein Wort. Er, der zu jedem Anlass

Verse findet, hat für die Schwester keine. Sie wartet. Bestimmt hat er sich das für den Höhepunkt des Festes vorbehalten. Vielleicht auch, wenn sie mit ihrem Mann am Abend aufbricht, um zu seinem Elternhaus zu fahren. Sie wartet vergeblich. Es kommt nichts, nur ihre Tränen, als sie in die Kutsche steigt.

Schlosser findet eine Anstellung bei Hofe in Karlsruhe. Cornelia wünscht, der Bruder möge sie bis dorthin begleiten, ihr den Übergang leichter machen, aber der lehnt ab. Da kann er unerbittlich sein. Es ist ihm unmöglich, Cornelia als Ehefrau zu erleben. In Karlsruhe pfeift der Wind durch die schnurgeraden Straßen. Wo sie zusammentreffen, steht das Schloss. Für die beiden Frankfurter Bürger gewöhnungsbedürftig. Alles richtet sich nach dem Hof aus. Schon ein halbes Jahr später steigt Schlosser auf, wird zum Oberamtmann der Markgrafschaft Hochberg berufen. Amtssitz ist Emmendingen. Erneuter Umzug. Cornelia ist schwanger. Es geht ihr nicht gut. Erste Risse im Ehegefüge. Schlosser arbeitet unermüdlich. Cornelia ist oft allein, der Ehemann wird ihr fremd.

Goethe wendet sich Maximiliane zu, Tochter der La Roche, die der Lotte im *Werther* ihre schwarzen Augen und Locken leihen wird. Im Januar 1774 hat sie Peter Anton Brentano geheiratet, einen verwitweten italienischen Kaufmann. Maximiliane ist in einer ähnlichen Situation wie Cornelia. Schlimmer noch, sie muss sofort die Kinder der Vorgängerin erziehen, sie, die selbst noch ein halbes Kind ist. Und der Mann ist alt, beinahe so alt wie Vater und Mutter. Die La Roche selbst hat die Partie ausgesucht.

Maximiliane von La Roche, genannt Maxe

Goethe besucht Maxe, wie er sie nennt, regelmäßig. Seine Gefühle, schreibt er an Sophie von La Roche, seien ganz geschwisterlich. Das kann er vielleicht der Mutter aufbinden, aber nicht dem Ehemann. Er wird sich doch nicht zum Hahnrei machen lassen! Es kommt zu einem ziemlich heftigen Auftritt. Hat ihn Peter Anton rausgeworfen? Sophie von La Roche gegenüber – »Mama« nennt Goethe sie inzwischen vertrauensvoll – stellt der Dichter es so dar, als wolle *er* das Haus Brentano nach diesen Verdächtigungen nicht mehr betreten.

Vielleicht muss man für Brentanos Härte dankbar sein. Im Februar macht sich Goethe ernsthaft an die Niederschrift des *Werther*. Er hat genug Material gesammelt: die Liebe zu Charlotte Buff, der Suizid Jerusalems. Die Trennung von Maxe verleiht dem Autor die nötige trübe Stimmung. Er schreibt in einem Zug und ist nach sechs Wochen fertig.

Den Rest des Jahres 1774 verbringt Goethe mit Reisen den Rhein hinauf und hinunter. Lotte und Kestner kündigt er geheimnisvoll den *Werther* an, aber dann wird es doch September, bis sie ihn zu lesen bekommen. Ihre Reaktion scheint nicht so günstig ausgefallen zu sein, denn im Oktober schreibt ihnen Goethe: »Ich muß euch gleich schreiben meine Lieben, meine Erzürnten ...« Offensichtlich haben beide gefordert, Goethe solle die Schrift zurückziehen. Doch dafür ist es zu spät. »Es ist gethan, es ist ausgegeben, verzeiht mir, wenn ihr könnt. Ich will nichts, ich bitte euch, ich will nichts von euch hören, biss der Ausgang bestätigt haben wird daß eure Besorgnisse zu hoch gespannt waren, biss ihr dann auch im Buche selbst das unschuldige

Gemisch von Wahrheit und Lüge reiner an eurem Herzen gefühlt haben werdet.«

Die Besorgnisse waren noch viel zu niedrig gespannt. Eine unglaubliche *Werther*-Manie greift um sich. Wer unglücklich verliebt ist, droht sich zu erschießen, alle jungen Frauen wollen wie Lotte sein, die jungen Männer ziehen, wenn sie sich nicht erschießen, wenigstens die beschriebene Werther-Kleidung an, blauer Frack, gelbe Hose und Stulpenstiefel. Und die Vorbilder für den *Werther*-Roman sind schneller ausgemacht als das Buch ausgelesen. Das Grab von Jerusalem in Wetzlar wird belagert, man pilgert zu Lottes Elternhaus, geht die Wege rund um Wetzlar nach, es gibt Teller, Tassen und Keksdosen mit Motiven aus dem *Werther*.

Der Briefroman wird ein europäischer Bestseller. Reich werden kann man aber damals wegen des fehlenden Urheberrechts und der zahllosen Raubdrucke nicht. Das hat der Dichter auch nicht nötig. Er ist ja reich und verachtet es sogar ein bisschen, für so etwas, was aus seinem tiefsten Herzen kommt und sich keinem Zwang beugen will, ein Honorar zu erhalten. Lotte und Kestner zahlen auf andere Weise drauf: »Könntet ihr den tausendsten Theil fühlen, was Werther tausend Herzen ist, ihr würdet die Unkosten nicht berechnen die ihr dazu hergebt!«, schreibt Goethe triumphierend an die beiden.

Es wird November. Selbst im südlichen Baden nicht die schönste Jahreszeit. Nebel hängt in den Tälern wie Brei, dahinter die entlaubten Weinberge und dann die blaugrauen Höhen des Schwarzwalds. Der Marktplatz meist leer. Jeder Schritt ist zu hören, jedes Klappern von Hufen. Ist das Schlosser, der von seinen Inspektionsritten zurückkommt? In Frankfurt konnte man ins Theater gehen, einmal die Woche hat man sich mit Freunden getroffen. Wenn man sich alleine fühlte, spazierte man einfach durch die Stadt. Überall waren Menschen, Leben, Lärm. Man erkannte sie als Enkelin des verstorbenen Schultheißen Textor. In Emmendingen weiß man natürlich auch sofort, wer Cornelia ist, das ist die Frau vom neuen Oberamtmann! Im Oktober, am 28., hat sie ihr erstes Kind geboren. Seitdem geht sie fast gar nicht mehr aus. An Georg Kestner schreibt sie, sie sei nicht »im Stand ... sich selbst nur einen Strumpf anzuziehen«. Der Bruder geht inzwischen in Frankfurt Schlittschuh laufen. Das ist jetzt die große Mode. Er hat es zu einiger Sicherheit gebracht. Pirouetten, rückwärts laufen, kleine Sprünge. So anmutig wie ein Mädchen ist er manchmal, denkt die Mutter, die extra mit der Kutsche angefahren kommt, um ihm zuzusehen. Der Sohn ist schon seit dem Morgen auf dem Eis. Ihm klappern die Zähne, als er so nah, wie es geht, an den Kutschenschlag heranfährt. Gib mir deinen Mantel, Mutter, ruft er. Die Mutter trägt einen karmesinroten Pelzmantel mit Schleppe, sehr extravagant, aber sie zögert keine Sekunde. Goethe zieht ihn an und dreht nun seine Runden im Damenpelz, die Mantelschöße flattern im Wind.

Er arbeitet auch viel in diesem Winter. Der Erfolg des *Werther* gibt ihm das Gefühl, dass er alles erreichen kann. Er beginnt einiges, beendet aber nur noch wenig. Eines Tages sitzt er bei Kerzenlicht an seinem Schreibtisch. Ein Mann tritt ins Zwielicht des Vorzimmers, und Goethe glaubt, es sei ein Freund. Mit offenen Armen eilt er ihm entgegen. Aber es ist der Weimarer

Kammerherr Karl Ludwig von Knebel. Der lädt ihn ins Rote Haus auf der Zeil, dort sind die beiden Weimarer Prinzen Carl August und Konstantin abgestiegen. Zwei junge Kerle, mit denen sich Goethe sofort ausnehmend gut versteht. Sein pädagogischer Impetus wird geweckt.

»Liebe, Liebe, laß mich los!«
Anna Elisabeth Schönemann

Ein Hauskonzert am Frankfurter Kornmarkt. Am Klavier sitzt ein schönes, blondes Mädchen, die Tochter des Hauses, Anna Elisabeth Schönemann. Sie ist sechzehn Jahre alt. Ihre Finger flitzen über die Tasten. Der junge Dr. Goethe steht am Ende des Flügels. Er selbst hat versucht, das Cellospielen zu erlernen. Aber seine Fähigkeiten sind begrenzt. Er ist zu sprunghaft, nicht wirklich fleißig.

Als das Mädchen geendet hat, nickt es Goethe zu. Ihr forschender, gar nicht mädchenhaft zurückhaltender Blick trifft ihn. Viel Zeit zu einem Gespräch bleibt auch beim nachfolgenden Empfang nicht. Lili, wie er sie später nennen wird, schwirrt herum, ein Lachen hier, ein paar Worte da. Die Herren hängen an ihren Lippen.

Mutter Schönemann ist durchaus angetan von der neuen Bekanntschaft. Ein Dichter mit sensationellem Erfolg, überall redet man von ihm. Und bei ihr ist er zu Gast! Sie lädt ihn ein, wiederzukommen. Er kommt. Eigentlich gefällt ihm diese Gesellschaft aber gar nicht. Die lauten Brüder Lilis, die sich über andere lustig machen. Man spielt Karten, Goethe findet immer noch keinen Spaß daran. Er möchte mit Lili zusammen sein, nicht mit diesen hirnlosen Großsprechern. In ihrem Kreis ist er ein Fremder. Die älteren Brüder von Lili machen keinen Hehl daraus, dass sie den Tintenkleckser verachten. Kann man damit Geld machen? Das ist ihre einzige Frage.

Dem Bankhaus Schönemann geht es nicht gut, seit Vater Schönemann gestorben ist und seine Witwe die Leitung übernommen hat. Das große Haus ist viel zu teuer gewesen. Die Mutter hat versucht, es zu verkaufen, aber niemand wollte es haben. Da liegt die Hoffnung nah, man könnte sich durch eine reiche Heirat sanieren. Das wichtigste Unterpfand ist Lili. Wenn sie einen Mann fände, möglichst einen Bankier, der sich mit den Geschäften auskennt ... Die Söhne versuchen, Goethe bei der Mutter schlecht zu reden: Die Anwaltskanzlei betreibt der doch nur halbherzig. Das ist ein Faxenmacher, ein Hanswurst! Läuft im Pelz seiner Mutter Schlittschuh!

Hier wirkt sein Zauber nicht. Immer wieder sagt er sich, da gehe ich nicht mehr hin, und dann hält er es doch nicht aus. Er muss Lili sehen. Sie hat ihn fest im Griff. Ein verstörendes Erlebnis, so von einem Mädchen beherrscht zu werden, ihre Launen aushalten zu müssen. Bisher war er der Dominante in seinen Beziehungen. Sie hat den Spieß herumgedreht, und die Spitze bohrt sich in sein Herz.

Die Rettung ist Lilis Onkel, der ein Herrenhaus in Offenbach besitzt. Offenbach, Sommerfrische der Frankfurter: Villen stehen in großen Gärten, die bis zum Main reichen, auf der Vorderseite gepflegte Rabatten im Rokokostil. Der Bruder von Lilis Mutter, Johann Georg D'Orville, ist Teilhaber einer Schnupftabakfabrik. Die Produktionsstätte ist direkt mit dem Wohnhaus verbunden, das Lager ist im Erdgeschoss, in

»Herz, mein Herz, was soll das geben?«
Lili Schönemann

den Seitenflügeln wird der Tabak verarbeitet. Bei Maxe Brentano im Nürnberger Hof der ständige Geruch von Käse und Schinken, bei Goethes riecht es nach Wein, die Erinnerung an Lili wird sich mit Tabak verbinden.

Goethe läuft im Hause D'Orville wieder zur alten Form auf, dichtet aus dem Stegreif, erfreut die Gesellschaft mit Lesungen von Shakespeare oder aus eigenen Werken. Statt Karten werden neckische Pfänderspiele gespielt, bei denen er Lili vor aller Augen einen Kuss geben darf. Aber irgendetwas passt dennoch nicht.

»Herz, mein Herz, was soll das geben? / Was bedränget dich so sehr?«, dichtet er in *Neue Liebe, neues Leben*. »Welch ein fremdes neues Leben – / Ich erkenne dich nicht mehr« Die Familiengebräuche sind einfach zu verschieden. Es ist nicht allein, dass Schönemanns reformiert sind und Goethes lutherisch. Der Lebensstil der Familie Goethe ist im Vergleich zu dem der Schönemanns bescheiden. Das Goethe'sche Haus ist nicht so eingerichtet, dass man dort Bälle feiern könnte. Man will auch gar keine Bälle feiern. Das ist der Unterschied. Vielleicht will Lili auch keine Bälle feiern, aber Goethe ist sich da nicht so sicher. »Muß in ihrem Zauberkreise / Leben nun auf ihre Weise: / Die Veränderung, ach wie groß! / Liebe, Liebe, laß mich los!«

Sie lässt ihn nicht los. Er beginnt, wie immer, wenn er eine neue Liebe hat, einen Briefwechsel, in dem sich seine Gefühle spiegeln, auf die Spitze getrieben, überhöht werden. Die Zwiesprache mit dem Sessel!

Diesmal wählt er eine Frau, um sein Herz auszuschütten. Sozusagen eine Co-Geliebte. Sie hat ihm im Januar 1775 einen Leserbrief zu *Werther* geschrieben, anonym, und der packt ihn »in einer wunderlichen Stunde«. Er antwortet: »... ich fühle Sie können ihn tragen diesen zerstückten, stammelnden Ausdruck wenn das Bild des Unendlichen in uns wühlt. Und was ist das als Liebe!«

Für die Briefschreiberin muss das eine ganz überwältigende Antwort gewesen sein. Er schickt der Fremden einen Schattenriss, sie möge ihm auch einen schicken, aber nicht so einen kleinen, sondern »den grosen von der Natur genommenen Riss bitt ich«. Im nächsten Brief – inzwischen weiß er, wer die Schreiberin ist, nämlich Auguste Louise Gräfin zu Stolberg-Stolberg – rudert er schon wieder etwas zurück. Die Gräfin könnte ihn doch allzu leicht missverstehen. »Wenn Sie sich, meine Liebe, einen Goethe vorstellen können, der im galonirten Rock, sonst von Kopf zu Fuse auch in leidlich konsistenter Galanterie ..., von ein paar schönen Augen am Spieltische gehalten wird ..., und mit allem Interesse des Leichtsinns einer niedlichen Blondine den Hof macht; so haben sie den gegenwärtigen Fassnachts Goethe ...« Das ist schon einmal klargestellt, es gibt da eine niedliche Blondine. Für die Gräfin bleibt der Goethe im Biberfrack, der »arbeitend immer gleich eine Stufe höher steigt, weil er nach keinem Ideale springen, sondern seine Gefühle sich zu Fähigkeiten, kämpfend und spielend, entwickeln lassen will. Das ist der, dem Sie nicht aus dem Sinne kommen ...«

Dann geht er wieder aufs Ganze. »Warum sag ich dir nicht alles« – er flicht also schon unauffällig ein Du ein –, »Beste – Geduld Geduld hab mit mir! ... nur sag ich Ihnen noch dass mein Kopf ziemlich heiter mein Herz leidlich frey ist – Was sag ich –! ... Beste wie können wir einander was von unserm Zustande melden, da der von Stund zu Stund wechselt.«

Er führt auf dem Papier eine Dreiecksbeziehung. Daraus wird er das Trauerspiel *Stella* machen. In der Wirklichkeit wäre ihm so etwas zu anstrengend. Glücklicherweise lebt die Gräfin Stolberg weit weg in einem Damenstift in Uetersen. Trotzdem hofft sie natürlich auf ein Treffen. Wenn einem einer solche Briefe schreibt! Vielleicht könnte sie seine große Liebe sein, er ist vermutlich längst die ihre, wenigstens im Traum. Eine Liebe in Romanen, wie Goethe diesen Zustand gegenüber Eckermann, seinem Chronisten, bezeichnet. Aber da ist ja noch Lili, ganz wirklich, ganz und gar von Fleisch und Blut, mit einer Familie im Rücken, die von Träumen nicht viel hält. So langsam muss er sich entscheiden, sonst kompromittiert Goethe das junge Mädchen.

Eine resolute Freundin der Schönemann'schen Familie, Helena Dorothea Delph, greift schließlich ein. Sie beredet sowohl die Mutter Lilis als auch die Eltern Goethes. Mit wenig Überzeugung sagen alle Ja. Auch Lili und Wolfgang. Gebt euch die Hände, gebietet Demoiselle Delph. Sie zögern, dann liegt die kleine Hand Lilis in der Goethes und der denkt wahrscheinlich: Jetzt hat's mich erwischt, jetzt bin ich »in den Sack gesteckt«. Davon handelten seine Albträume, als er noch mit Käthchen zusammen war.

Ein bisschen freut es ihn doch. Er wird heiraten, Kinder bekommen, so wie die Freunde. Plötzlich sind auch Lilis Brüder still geworden. Die Goethes und die Schönemanns versuchen sich näherzukommen. Aber es klappt nicht. Zu verschroben ist Vater Goethe, zu unbekümmert und etwas derb die Mutter. Die Zweifel an der Verbindung kehren nach einem kurzen Höhepunkt der Liebe wieder. Eigentlich weiß der Bräutigam es schon: Das wird nichts.

Da kommen ihm die zwei Brüder der Gräfin Stolberg, seiner Brieffreundin, gerade recht. Sie sind zusammen mit dem Grafen Haugwitz auf dem Weg in die Schweiz und laden Goethe ein mitzukommen. Eigentlich natürlich ganz unmöglich, ausgerechnet jetzt die Verlobte alleinzulassen. Aber der Vater redet ihm zu. Er solle nur gleich auch nach Italien weiterziehen von der Schweiz aus. Jetzt sei noch die beste Gelegenheit. Später würden ihn seine Pflichten vielleicht abhalten. Er habe schon Geld zurückgelegt. Der Sohn will prüfen, ob er auch ohne Lili auskommen kann. Dann wäre alles entschieden. Er reist ohne Abschied.

Die vier jungen Männer feiern mit Goethes Eltern vor ihrer Abreise noch fröhlich ein Trinkgelage und lauschen im Weinrausch vom Vater den Spitznamen »Aja« für die Mutter ab. Sie selbst, witzeln sie, seien jetzt die vier sagenhaften Haimonskinder der Aja, die auf einem allmächtigen Riesenross durch die Welt ziehen und eine Menge Unheil anrichten. Es wird über Tyrannen gescherzt, vielleicht ein bisschen anzüglich zum Vater geschielt, der gutmütig lächelt. Er ist nur noch ein schwacher Quälgeist. Frau Aja steigt in den Weinkeller hinab und bringt einen der besten Jahrgänge auf den Tisch. »Hier ist das wahre Tyrannenblut!«, ruft sie und knallt die Flasche auf den Tisch. Die Szene hat sich dem Sohn eingeprägt, er erzählt davon in *Dichtung und Wahrheit*: Seine Mutter, etwas entgleist, weinselig, das mögen Söhne nicht.

Die Herren tragen alle das gleiche Outfit, als sie

zu ihrer ersten Station nach Darmstadt aufbrechen, Werther-Tracht. Sie baden nackt in einem Teich, was einen Skandal auslöst, und ziehen hastig weiter. In einem Mannheimer Gasthof werfen sie nach einem Trinkspruch die Gläser an die Wand. In Karlsruhe kreuzt sich ihr Weg mit dem inzwischen zum Herzog gekürten Carl August von Sachsen-Weimar auf Brautschau.

Und dann die triumphale Rückkehr nach Straßburg. Gerade ist Goethe hier noch Student gewesen, jetzt hat er es geschafft, ist ein berühmter Autor. Wie viele Sparren ihm im Oberstübchen fehlen, braucht er sich von den Professoren nicht mehr vorrechnen zu lassen. Bekanntschaften werden erneuert, wie die mit dem Dichter Jakob Michael Reinhold Lenz, den er auffordert, zur Schwester nach Emmendingen mitzureisen. Dann muss er Schlosser und Cornelia nicht alleine gegenübertreten. Die restlichen Haimonskinder nehmen einen anderen Weg.

Lenz und Goethe fahren mit dem Schiff rheinaufwärts, und dann geht es zu Fuß weiter durch die Ebene in Richtung der Berge.

Dem Bruder graust es vor der Begegnung. Die Schwester als Ehefrau und Mutter kann er sich nicht anders als unglücklich vorstellen. Und sie ist es. Es wäre ihm schwergefallen, etwas anderes zuzugeben. Sein Diktum lautet Jahrzehnte später: »Sie war neben mir heraufgewachsen und wünschte ihr Leben in dieser geschwisterlichen Harmonie fortzusetzen und zuzubringen.« Wer wünscht hier was? Und an gleicher Stelle steht in *Dichtung und Wahrheit* auch das männliche

Vernichtungsurteil: »... in ihrem Wesen lag nicht die mindeste Sinnlichkeit.« Seltsam. Hatte er nicht zuvor im Text die »sinnlichen Triebe« erwähnt, die angesichts der Schwester durchaus »ins klare treten wollten«? Die Sinnlichkeit liegt also ganz überwiegend im Auge des Betrachters, und der will sie nun, da Cornelia sich gegen ihn entschieden hat, nicht mehr wahrhaben.

Lenz sieht das alles ganz anders. Ihm gefällt die gebildete, etwas strenge Cornelia. Er könnte solchen geistigen Halt gebrauchen. Der Ehemann Schlosser dagegen versucht sich in seiner Männlichkeit zu behaupten gegen das unerreichbare Vorbild des Schwagers, aber auch gegenüber seiner Frau, die ihm sicher in ihrer geistigen Urteilskraft überlegen ist. Dafür rächt er sich mit einer Schrift, *Plan und Fragmente einer Weltgeschichte fürs Frauenzimmer*, die ab 1776 in mehreren Folgen in der Zeitschrift *Iris* erscheint. »Wenn Sie gelehrte Männer, Väter, Brüder, Liebhaber oder Freunde haben, so lassen Sie sich mit ihnen in keine Untersuchung über die Geschichte ein; Sie würden sie nur verwirren ...«, stellt er dort im Vorbericht fest. Das ist Sprengstoff für die Ehe. »Verweibern« ist eines seiner Lieblingsworte.

Goethe versucht nicht zu vermitteln. Warum sollte er? Er hat es doch gleich gewusst, vielleicht sogar gesagt, dieser Schlosser ist kein Mann für dich! Jetzt ist Cornelia erst einmal glücklich, den Bruder für eine kurze Frist wiederzuhaben. Sie, die nach der Geburt ihrer Tochter kaum noch aus dem Bett gekommen ist, sich schwach gefühlt hat, nicht einmal einen Strumpf anziehen konnte, macht eine wundersame Wandlung durch, für ganze zwölf Tage. Es ist Mai, man geht in der schönen Landschaft spazieren. Es ist diese Fähigkeit des Bruders, Heiterkeit, Unterhaltung, den besonderen Moment zu steuern. Jeder Tag mit ihm ist ein Fest.

Die drei Menschen, die durch die blühenden Streuobstwiesen zur Hochburg wandern, sind alle ganz das Gegenteil. Die ernste Cornelia, der unsichere Lenz, der steife, bigotte Schlosser. Unter Goethes Regie leben sie auf. Abends trinkt man eine gute Flasche Wein. Es wird musiziert, endlich einmal wieder. Das Klavier ist schon ganz verstimmt.

Als er abreist, geht das Licht aus. Vorbei, alles vorbei, nun drückt der Alltag wieder. Lenz kehrt nach Straßburg zurück, sein vom Freund aufgesaugtes Selbstbewusstsein schwindet nach und nach wie die Luft aus einem Ballon. Schlosser versucht, den Überlegenen zu spielen, und weiß doch, dass er seiner Frau kaum das Wasser reichen kann, und Cornelia … Ihre »Seelenkräffte« sind »erschöpft«.

Der Bruder, Freund, Schwager ist dagegen auf dem Weg im doppelten Sinne. Er macht noch ein paar Umwege, aber die Richtung ist klar. Cornelia hat ihm zugeredet, die Verlobung mit Lili zu lösen. Sie passt nicht zu dir. Wer könnte zu ihm passen außer Cornelia?

Goethe reist zunächst nach Zürich zu Johann Caspar Lavater, dem Mann, der aus Gesichts- und Körperformen die Eigenschaften eines Menschen ablesen zu können glaubt. Dann wandert er durch die verschiedenen Schweizer Kantone hinauf bis zum Gotthard-Pass. Goethe blickt ins vom Vater gelobte Land, Italien. Ein paar Stunden, dann wäre er dort. Aber Lavater hat ihn ermahnt, die Sache mit Lili zu klären. Er macht also noch einmal kehrt.

Auf dem Rückweg lernt er in Straßburg den Arzt Johann Georg Zimmermann kennen, der sich auch mit Lavaters Physiognomik beschäftigt. Er zeigt Goethe die Silhouette einer Frau von Stein am Weimarer Hof. Der Dichter soll sagen, was er denn aus den Gesichtszügen der schönen Frau lese. »... Festigkeit / Gefälligkeit ...« sieht er und: »Siegt mit Netzen.«

Doch bevor er die Netze der Frau von Stein kennenlernt, muss er mit Lili reden. Kaum ist er wieder bei ihr, wird er unsicher. Sie ist so schön. Und zunächst scheint auch alles wieder in Ordnung zu sein. Aber Lili erkennt seinen Wankelmut und vergilt Gleiches mit Gleichem. Erst verspricht sie, auf einen Ball zu kommen, Goethe hat sich schon ein wunderbares Kostüm besorgt, dann sagt sie ab. Einmal trifft er sie im Konzert, die Situation ist angespannt, er weiß nichts mit ihr zu reden.

»Lang halt ich's hier nicht aus ich muss wieder fort – Wohin!«, schreibt er am 3. August 1775 an die Gräfin Stolberg. Er sitzt in Lilis Zimmer zwischen Hutschachteln, einem achtlos hingeworfenen Kleid. Lili kleidet sich nebenan für einen Ausritt um. Intimste Situation. Privileg eines Verlobten. Und da schreibt er: »Gustgen! Gustgen! ... Wie soll ich Ihnen nennen das h i e r ! ... Welche Verstimmung.« Ein langer Brief. Es scheint gedauert zu haben mit dem Umziehen. »Hundertmal wechselt's mit mir den Tag! O wie war mir so wohl mit deinen Brüdern.«

Da kommt Lili herein. Sie ist verwundert, ihn am Schreibtisch zu finden, und will wissen, wem er schreibt. Er sagt es ihr. Vielleicht hat sie eine Augenbraue hochgezogen, vielleicht den Kopf geschüttelt. Kindisch ist das, was er tut. Ist das der Fluch des Kreativen, dieses

Sich-Entblößen? »Lassen Sie um Gottes Willen meine Briefe niemand sehen«, mahnt Goethe Gustchen.

Noch einmal trifft er den Arzt Zimmermann in Frankfurt. Goethe erzählt ihm bei der Gelegenheit vom Unglück seiner Schwester. Ob er einen Rat wisse. Zimmermann weiß immer Rat. Auf Frauenseelen ist er spezialisiert. Er hat bereits die Stein – Sie erinnern sich, mein Lieber – beraten, die von sieben Geburten und vier Kindstoden erschöpft ist. Das Leid der Frauen in dieser Zeit. Dauernd schwanger sein, die Kinder unter Lebensgefahr auf die Welt bringen und sie allzu oft rasch wieder beerdigen.

Zimmermann macht sich sofort auf nach Emmendingen. Und er hat Erfolg. Cornelia lebt auf, noch ist alles ein bisschen verhalten, aber sie schöpft wieder Hoffnung. So schlecht ist es doch nicht in Emmendingen. Das große Haus, die herrliche Landschaft, die Nähe Straßburgs. Da kann man was draus machen.

Als die Herbstmesse in Frankfurt kommt, füllt sich das Schönemann'sche Haus rasch mit Geschäftsfreunden aus aller Welt. Auf dem Römerberg, dem Liebfrauenberg und dem Roßmarkt wird gehandelt, was gut und teuer ist. Stoffe, Leder, Pelze, Gold, Schmuck, auch Geldgeschäfte werden gemacht. Scharenweise finden sich unter den Handelsherren alte und junge Verehrer Lilis ein. Goethe ist furchtbar eifersüchtig. »Es waren schöne Männer darunter, mit dem Behagen eines gründlichen Wohlstandes«, schreibt er in seinen Memoiren. Erneut wird ihm bewusst, dass es auch noch andere Vorzüge auf der Welt gibt als seine. Solcher Konkurrenz will er sich nicht aussetzen. Am schlimmsten aber sind die alten Männer, die mit ihren »Onkelsmanieren« Lili die Wange tätscheln, und die lässt es sich auch noch gefallen.

Er muss fort! Eine Möglichkeit eröffnet sich, als der Weimarer Herzog Carl August mit seiner Frau auf der Rückreise von den Hochzeitsfeierlichkeiten in Frankfurt Station macht. Man lädt Goethe noch einmal dringlich ein, Weimar zu besuchen. Er möge auf den Herrn von Kalb warten, der mit einer bis jetzt noch nicht fertiggestellten Landauer-Kutsche von Straßburg her durch Frankfurt komme und ihn mitnehmen könne.

Goethe erzählt allen, dass er nach Weimar reisen werde. Doch die Mitfahrgelegenheit trifft nicht ein. Der Vater meint, das sei doch nur ein Scherz der hohen Herrschaften gewesen. Sie hätten ihn längst vergessen. Im weiten Mantel schleicht der Sohn nachts durch Frankfurt, um unerkannt zu bleiben. Er steht vor Lilis Fenster und lauscht ihrem Klavierspiel. Die Mutter hat die Verlobung kürzlich in einer Gesellschaft vor aller Ohren beendet. Eine Verheiratung schicke sich wegen der zwei unterschiedlichen Bekenntnisse nicht.

Das ist eine Version der Geschichte. Goethe selbst lässt die Sache irgendwie offen, wie einen etwas lästigen Faden, der aus dem Gewirke seiner Biografie hängt.

Der Vater versucht, dem Sohn wieder einmal eine Italienreise schmackhaft zu machen. Die Koffer seien ja schon gepackt. Wolfgang reist tatsächlich bis Heidelberg, wo er ausgerechnet bei derselben Demoiselle Delph Quartier nimmt, die seine Verlobung mit Lili gestiftet hat. Er liegt im ersten Schlummer, als das Horn eines reitenden Postillons ertönt. Der bringt die

Botschaft des so sehnsüchtig erwarteten Kammerherrn Johann August von Kalb, er sei inzwischen mit dem neuen Landauer in Frankfurt eingetroffen. Goethe ist hin- und hergerissen. Italien oder Weimar? Es wäre ein Affront, die Einladung des Herzogs auszuschlagen. Noch ist zwar keine Rede von einer Anstellung am Hof von Carl August, doch die Chance liegt in der Luft, dafür hat Goethe eine gute Nase. Am nächsten Morgen fährt er zurück nach Frankfurt.

»Meine Schwester oder meine Frau«
Charlotte von Stein

Es ist noch dunkel, fünf Uhr am Morgen, der 7. November 1775. Goethe fährt durch das Tor der kleinen Residenzstadt Weimar. Dunkle Gestalten schlurfen im Schein dürftiger Laternen über das Kopfsteinpflaster, wo es denn überhaupt eines gibt. In den Ställen rumort das Vieh. Hühner fliehen panisch flatternd vor dem rumpelnden Ungetüm.

Zum Haus der Kalbs nahe der Stadtkirche ist es nicht weit. Goethe kommt den Winter über bei der Familie des Kammerherrn im Sächsischen Hof unter. Kalb wird ihm schon auf der Reise erzählt haben, wer in der Weimarer Gesellschaft das Sagen hat.

Da ist die Familie von Stein. Josias von Stein ist Oberstallmeister und Reisemarschall des Fürsten. Schöne Pferde und Kutschen haben etwas mit Repräsentation zu tun, dem Einzigen, womit das kleine Fürstenhaus gegenüber seinen größeren Nachbarn überhaupt auftrumpfen kann. »Mehr Schein als Sein« ist die Devise.

Stein ist seit zehn Jahren mit Charlotte verheiratet, jener Dame, die der Arzt Zimmermann Goethe bereits im Schattenriss vorgestellt hat. Angeblich hat der Dichter danach drei Nächte nicht geschlafen.

Sind sie sich tatsächlich im Teepavillon des Schardt'schen Palais, bei Charlottes Eltern, zum ersten

Mal begegnet? Das Türmchen mit seiner Rokokoausstattung im Inneren wäre jedenfalls ein würdiger Schauplatz gewesen. Goethe schreitet durch den Galeriegang, der vom Haus zum Pavillon führt, er sieht das Flackern von Kerzenschein, hört Stimmen, ein Lachen, sieht schemenhaft zwei Damen mit weit ausladenden Krinolinen und hochgetürmten Frisuren an einem Tischchen sitzen, darauf feines Teegeschirr. Wird er Charlotte aus der eigenen Beschreibung ihres Schattens erkennen? Er tritt ein, und da ist sie, die Tochter des Hauses, unter einem blauen Himmel, unter zwitschernden Vögeln und allerlei Getier, Blumen, Früchten und dicklichen Putten in strahlendem Weiß, eingerahmt wie in einer Vignette, beinahe ein Heiligenbild.

Der älteste Sohn Charlottes, Carl, glaubt sich an eine etwas profanere erste Begegnung zu erinnern: »Ich war ohngefähr 10 Jahre alt, als eines Nachmittags, es war schon dämmericht ... in meiner Eltern Wohnung, der junge Herzog von Weimar ... und der junge Doctor Göthe hereintraten. Letzterer war eben angekommen und erregte Neugier durch seine bekannt gewordenen Werthers Leiden und Götz von Berlichingen. Es waren außer meinen Eltern noch mehrere im Zimmer ...« Eine Gesellschaft also, im Haus der Eltern in der Kleinen Teichgasse, nicht bei den Großeltern.

Goethe selbst erinnert sich später nur an die erste entscheidende Begegnung auf Schloss Kochberg, dem Landgut der Familie Stein. Hier beschließt er: Charlotte von Stein soll seine neue Muse werden.

Charlotte ist sieben Jahre älter als er, eine reife Frau mit hervorragenden höfischen Manieren und stilsicherer Eleganz. Die Idee für eine neue Inszenierung der

»Warum gabst du uns die tiefen Blicke, /
Unsre Zukunft ahnungsvoll zu schaun …«
Charlotte von Stein

Liebe, diesmal nur in Briefen, Billetts, »Zettelgen«. Das Exposé ist schon fertig: Eine Dame von Welt, auch wenn es nur Weimar ist, und er, ihr Minnesänger. Sie, ewig unerreichbar, er in Liebe und Entsagung schwelgend. Keine Komplikationen! Davon hat er gerade genug gehabt. Er ritzt das Datum seines Besuchs in die Schreibtischplatte: 6. Dezember 1775.

Die ersten Wochen am Weimarer Hof sind turbulent. Die Stolberg-Brüder stoßen zur Gesellschaft. Man frühstückt ausgiebig oder reitet zur Jagd, von zwei bis fünf Uhr wird bei Hof gegessen. Einmal erscheinen Charlotte von Stein und die Herzoginmutter nach der Tafel sehr feierlich mit langen Schwertern und schlagen die anwesenden Herren zu Rittern. Danach wird ausgelassen Blinde Kuh gespielt. Das ist das schönste aller Spiele. Nach Männern und Weibern tasten. Sich berühren, sich finden, sich festhalten, ohne alle Scham. Die älteren Hofleute können nur mit dem Kopf schütteln. Was sind das für Sitten!

Je mehr sich die Alten aufregen, umso besser. Die Jungen genießen die Provokation. Der Fürst ist gerade einmal achtzehn, sein Bruder siebzehn, Goethe sechsundzwanzig und die Stolbergs fünfundzwanzig und siebenundzwanzig Jahre alt. Nur einmal wird es ernsthaft. Goethe liest aus dem *Urfaust* vor. Die Damen sind zutiefst gerührt.

Nach den ersten Erfolgen in der Weimarer Gesellschaft gibt es von den Moralinsauren Kritik. Dieses ganze Gehabe mit dem Fürsten, das scharfe Reiten im vollen Galopp mitten durch die Stadt, auf dem Marktplatz mit der Peitsche knallen, auf die Jagd gehen, saufen, eigentlich sei Goethe doch gekommen, um den jungen Fürsten zu erziehen, ihm Begriffe von seinen Aufgaben zu machen – und nun das! Charlotte von Stein versucht zu vermitteln. Sie sehe schon ein, dass er den Herzog erst einmal für sich gewinnen wolle. Goethe versucht Charlottes Strafpredigt zu bremsen, indem er ganz auf seine Verführungskraft setzt. Das Du scheint ihm so herauszurutschen. Sanft, aber nachdrücklich besteht Charlotte darauf, dass ihr Gegenüber gewisse Verhältnisse, sie meint wohl Rangunterschiede, zu beachten habe. Das hätte sie nicht sagen sollen. Da ist er empfindlich. Den adligen Herrschaften fühlt er sich moralisch und geistig mindestens ebenbürtig, wenn nicht überlegen. Und dann das, auch noch von einer Frau! Goethe springt auf, ruft, er müsse fort, sucht nach seinem Stock, findet ihn nicht und rennt ohne Gruß hinaus.

Er schwärzt sie bei Carl August an. Der führt ein ernstes Gespräch mit Frau von Stein. Ein richtiger Mann sei nun einmal so. Er selbst wolle eigentlich nur noch mit den ungeschliffenen, echten Kerlen etwas zu tun haben. Die sind ehrlich. Ist Goethe ehrlich? Ist er tatsächlich der verwegene Reiter, der Wüstling, der flucht, schimpft und die Leute beleidigt, der harte Kerl, der morgens um fünf Uhr aufsteht, um ein paar arme Hasen tot zu schießen? Bei solch einem Jagdausflug mit dem Fürsten schreibt er Charlotte ein Briefgedicht, *Wandrers Nachtlied.* Seine Finger sind klamm, der Bleistift kratzt stumpf über das Papier. Es ist der 12. Februar.

Der du vom Himmel bist,
Alle Freud und Schmerzen stillest,

Den, der doppelt elend ist,
Doppelt mit Erquickung füllest,
Ach, ich bin des Treibens müde!
Was soll all die Qual und Lust?
Süßer Friede,
Komm, ach komm in meine Brust!

Das mit dem süßen Frieden ist vielleicht nicht so ernst gemeint. Er will siegen, ein ganzes Fürstenhaus umkrempeln. Der erste Streich ist schon gelungen. Freund Herder wird als Generalsuperintendent nach Weimar kommen. An Lavater, den Physiognomiker, schreibt er: »Ich bin nun ganz eingeschifft auf der Woge der Welt – voll entschlossen: zu entdecken, gewinnen, streiten, scheitern oder mich mit aller Ladung in die Lufft zu sprengen.« Charlotte fühlt sich zugleich angezogen und abgestoßen und stellt in einem Brief vom 8. März 1776 fest: »Ich fühls Goethe und ich werden niemahls Freunde ...« Ihr Gefühl trügt gewaltig.

Von Frankfurt wird gemeldet, Lili habe sich verlobt. Goethe antwortet schroff: »Von Lili nichts mehr, sie ist abgethan.« Er hat ja eine neue Liebe, eine, die größer und geheimnisvoller ist als alle zuvor. Vier Tage später, am 14. April, geht ein weiteres Briefgedicht an Charlotte: »Warum gabst du uns die tiefen Blicke, / Unsre Zukunft ahnungsvoll zu schaun ... / Warum gabst uns, Schicksal, die Gefühle, / uns einander in das Herz zu sehn«, und in einer der nächsten Strophen dann: »Sag, was will das Schicksal uns bereiten? / Sag, wie band es uns so rein genau? / Ach, du warst in abgelebten Zeiten / Meine Schwester oder meine Frau.«

Eine Seelenwanderung also. Noch hat er aber eine Schwester, die lebt und vergeblich auf Nachrichten von ihm wartet.

Ein Haus, ein Häuschen, halb verfallen. Es liegt an einem Hang jenseits der Ilm, zwischen hohem Gras, Brombeerranken und alten, lange nicht beschnittenen Bäumen. Das wünscht Goethe sich, und der Herzog gibt ihm das Geld dafür, auch die Möbel lässt er nach seinem Wunsch fertigen. »Zurück zur Natur« à la Rousseau ist die Devise. Der Dichter aus der Großstadt zieht erst in eine ländliche Kleinstadt und dann auch noch vor die Tore. Er wird zum Gärtner, pflanzt und schneidet Bäume, stutzt Hecken, baut Spargel an. Von dem, was er erntet, schickt er Charlotte. Daneben hat er noch Zeit für den Staatsdienst, er wird Geheimer Legationsrat und Mitglied im Geheimen Conseil, einer Art Verwaltung des Fürstentums, ihm wird die Verantwortung für sämtliche Bergwerksangelegenheiten übertragen, und er bekommt 1200 Taler Gehalt. Ein Teufelskerl!

An die Schwester will er immer noch nicht schreiben. Was müsste er Cornelia sagen, wenn er schriebe? Er bittet Charlotte, es zu tun, es zerquäle ihm das Herz. Sie schreibt sofort. Cornelia antwortet: »... beste edelste Frau ... wenn ich nun hoffen dürffte Sie ein einziges Mahl in diesem Leben zu sehn so wollt ich nie schreiben und alles bis auf den Moment versparen denn was kann ich sagen das einen einzigen Blick, einen einzigen Händedruck werth wäre.« Ganz der Ton des Bruders.

Der verfasst statt eines Briefs ein kurzes Schauspiel. In *Die Geschwister* leben ein Bruder und seine

Schwester allein ohne Eltern in symbiotischer Gemeinschaft, bis die Schwester einen Antrag vom besten Freund des Bruders bekommt. Sie zögert anzunehmen und entscheidet sich schließlich, beim Bruder zu bleiben, mit dem sie vollkommen glücklich ist. Da gesteht er, dass sie gar keine Geschwister sind, sondern dass die vermeintliche Schwester das Kind einer ehemaligen Geliebten ist. Ihre Treue wird mit der Ehe belohnt.

Goethe schickt das kurze Stück an Cornelia. Was will er ihr damit sagen? Wenn du mich nur so geliebt hättest wie jene Schwester im Stück ihren Bruder, dann wärest du vollkommen glücklich geworden?

Im August 1776 fährt er mit dem Herzog nach Ilmenau, um zu erkunden, ob man den Bergbau dort wieder aktivieren könne. Der Herzog geht auf die Jagd, Goethe kriecht in Höhlen und alte Stollen, klettert auf Felsen herum und nimmt Steinproben. Der Anfang einer Sammlung von Tausenden Brocken, Steinchen und Splittern, die er in Schaukästen und Schränken aufbewahren wird. Charlotte kommt auf dem Rückweg von der Kur in Bad Pyrmont vorbei, und er ist überglücklich, sie in »seine« Höhle führen zu dürfen. Er hält ihre Hand, am Grund der Höhle schreibt sie mit den Fingern ein Zeichen in den Staub. Vielleicht ein S, wie es Goethe am nächsten Tag zusätzlich in den Stein meißelt, damit es im Staub nicht verloren geht.

Die Frage nach Sex lässt sich nicht vermeiden. Goethe ist jung, gesund, gut aussehend, charmant. Er hat eine große Wirkung auf Frauen, warum nutzt er die nicht für eine wirkliche Liebesbeziehung? Natürlich kann man mutmaßen, dass er zu Prostituierten geht oder zu anderen kleinen »Miseln«, Mäuschen, wie sie im Elsass zu den Mädchen gesagt haben. Aber es ist nichts über irgendwelche Liebesabenteuer bekannt. Dabei ist Weimar doch ein Dorf. Der Herzog, der alle Schönheiten seines kleinen Herzogtums beglückt, die ihm gerade über den Weg laufen, hat einige uneheliche Sprösslinge. Wenn sie männlich sind, finden sie später bei den Husaren ihr Auskommen. So etwas ist Goethe ein Graus. In seinem Leben versucht er Reinheit aufrechtzuerhalten. Nicht nur die Schwester hat etwas von einer Äbtissin, er hat auch etwas von einem Abt. An Charlotte schickt er etwa 1700 Briefe. Die Worte sind sein Sex.

Charlotte ist keine Äbtissin. Sie hat sieben Kinder geboren. Ihr Körper ist zerschunden. Sie will niemals wieder schwanger werden. Das wird sie ihrem Mann klar gesagt haben, und er wird sich gefügt haben. Wenn sie nun von Goethe schwanger würde ...! Wahrscheinlich wollen beide, dass einfach alles so bleibt, so in der Schwebe, so seltsam unbestimmt. In ihrer Ängstlichkeit sind sie sich tatsächlich ähnlich wie Bruder und Schwester.

Am 16. Juni 1777 erreicht Goethe die Nachricht von Cornelias Tod. Sie ist vier Wochen nach der Geburt ihres zweiten Kindes gestorben. »Dunkler, zerrissener Tag«, schreibt der Bruder in sein Tagebuch. Die Schwester ist zwar abgetan, aber mit ihrem Tod ist auch ihre Bestrafung abgetan. Man könnte argwöhnen, dass er ihr selbst das noch übel nimmt. Jetzt schweigt er sie tot, als wäre ihr Ableben nicht genug.

Der Wunsch, sein eigenes Leben mit Erfolg zu leben, treibt ihn an. Ihres ist ja nun unwiderruflich als misslungen zu bilanzieren. So will er nicht enden. Zweifel an seinen Pflichten und Aktivitäten in Weimar kommen trotzdem auf. Die literarische Produktion stockt, die Verwaltungsaufgaben, die ihn immer mehr belasten, sind oft nicht zu lösen. Es bleibt ein Gutteil Unvollkommenheit und Unordnung, die er hasst. Also macht er sich eines Tages kurz vor Morgengrauen zu Pferd auf den Weg in Richtung Harz. Vorgeschoben ist die Besichtigung des dortigen Bergbaus, aber er hat eine Wette mit sich selbst abgeschlossen. Wenn es ihm gelingt, im Winter, unter den widrigen Umständen von Eis und Schnee, den Brocken zu besteigen, dann wird er sich klar werden über das, was er möchte. Es ist eine Art Mischung aus Pilgerfahrt, Mutprobe und Meditation. Und er erreicht das Ziel. Die letzten Meter geht es querfeldein über festgefrorenen Schnee, wie zum Zeichen ist der Himmel auf dem Gipfel klar, die Sonne brennt, der Schnee glitzert, und unter ihm verschleiern dicke Wolken die umliegenden Höhen, als wäre das da unten alles von minderer Bedeutung, ein Symbol dafür, dass er die Welt, und seien es nur das kleine Fürstentum und seine dichterische Begabung, beherrschen soll. Gestärkt kehrt er nach Hause zurück und stürzt sich wieder in Regierungs- und Gesellschaftsverpflichtungen.

Man probt bei Frau von Stein für ein neues Stück Goethes, *Der Triumph der Empfindsamkeit*, das zum Geburtstag Luises, Gemahlin des Herzogs Carl August, am 30. Januar 1778 uraufgeführt werden soll. Eine der Tänzerinnen, Christel von Laßberg, kommt nicht. Man wartet, schickt schließlich zu ihren Eltern. Die sagen, die Tochter sei längst losgegangen. Eine große Suchaktion beginnt. Goethes Diener finden sie schließlich am nächsten Tag ertrunken in der Ilm, während ihr Dienstherr Schlittschuh läuft. Man trägt das Mädchen ins nächste Haus. Es ist Charlottes. Man mutmaßt, dass sich Christel wegen einer unglücklichen Liebe das Leben genommen habe.

Goethe geht ihr Tod nah. Vielleicht fühlt er sich mitschuldig. Das Gerücht verbreitet sich, sie habe ein Exemplar des *Werther* in der Tasche gehabt. Er stürzt sich in eine Art Sühnearbeit. Mit dem Hofgärtner will er eine Grotte bauen. Es wird ein schmaler Durchgang, das »Nadelöhr«, daraus, der durch Felsblöcke verengt zum mutmaßlichen Ort ihres Suizids führt.

Seltsamerweise bleibt es aber bei der Aufführung des Theaterstücks nur vierzehn Tage später, in dem sich Goethe über die gekünstelte Empfindsamkeit der Höflinge lustig macht. In deren Welt ist alles nur falsche Natur – Pappmaché, Papierblumen, Gezwitscher von Vögeln aus Spieluhren – und künstliche Gefühle. Sein eigenes Buch, der *Werther*, und Rousseaus *Julie oder Die neue Héloïse* dienen als Stopfmaterial für eine lebensgroße Stoffpuppe, in die der Prinz verliebt ist. Was vielleicht als Selbstkritik und Abwendung von eigener Empfindsamkeit gedacht war, wirkt merkwürdig geschmacklos nach dem Tod des siebzehnjährigen Mädchens.

Mit *Iphigenie auf Tauris* gelingt Goethe erstmals seit Jahren wieder ein ernst zu nehmendes Theaterstück. Ähnlich leichtfüßig wie *Werther*, entsteht es auf Reisen, in fremden Amtstuben und Herbergszimmern.

Er braucht nur sechs Wochen für die Prosafassung. Im April 1779 wird sie mit Corona Schröter in der Titelrolle und Goethe höchstpersönlich als Orest uraufgeführt. Er sieht in seinem goldenen Harnisch aus wie Apoll, bestätigen die Zeitgenossen. Der Höhepunkt seiner Attraktivität. Er wird dreißig in dem Jahr. Um die schöne Schröter, eine alte Bekannte aus Leipzig, die er höchstpersönlich als Hofvokalistin und Kammersängerin nach Weimar geholt hat, gibt es zwischen ihm und dem Herzog eine harte Konkurrenz. Doch die will keinen von beiden. Sie geht nur in Begleitung einer Freundin, Wilhelmine Probst, eines »Mannweibes«, wie ein Zeitgenosse behauptet. Vielleicht steht sie einfach nicht auf Kerle.

Charlotte von Stein ist nicht zur Premiere der *Iphigenie* erschienen. Goethe mit der Schröter auf der Bühne, auch wenn er nicht ihren Liebhaber, sondern nur den Bruder Orest gibt, das kann sie nicht ertragen. Aber was heißt denn auch »nur«? Die geschwisterliche Bindung als die engste und reinste, weil von erotischen Komplikationen und Ermüdungen frei, erfährt in der *Iphigenie* noch einmal eine Verherrlichung.

Das Unechte, Künstliche abwerfen, richtige Menschen kennenlernen, sich ein Urteil bilden, ohne dass Speichellecker ihm ihr eigenes aufdrängen wollen, das sei die reinigende Wirkung einer Reise für Geist und Seele, verheißt Goethe seinem Herzog. Aber sie muss natürlich inkognito und unter so einfachen Umständen wie möglich stattfinden. Und so bricht am 12. September 1779 eine Jungmännergruppe zu Pferd auf. Carl August, Goethe, Oberforstmeister von Wedel, der

»schöne Wedel«, und ein paar Diener. Ganz ohne Komfort geht es mit dem Herzog eben doch nicht.

In Frankfurt bleiben sie vier Tage in Goethes Elternhaus. Der Herzog übernachtet sogar dort. Goethe hat seine Mutter zuvor ermahnt, keinen großen Aufwand für die Fürstlichkeit zu treiben. Alles so schlicht wie möglich! Noch bevor sie den Hirschgraben erreichen, steigen die Herren vom Pferd und gehen zu Fuß bis zur Haustür, ziehen an der Glocke. Sie werden ins Empfangszimmer geführt, die Überraschung gelingt, Frau Aja sitzt am runden Tisch und ahnt nicht, wer da gekommen ist. Als die Tür aufgeht, erblickt sie ihren Hätschelhans. Sie ist außer sich vor Freude, heult, lacht, fällt dem Sohn um den Hals, kann keine klaren Worte mehr hervorbringen, »wie betruncken«, schreibt sie an die Herzoginmutter Anna Amalia.

Etwas peinlich! Goethe weiß schon, warum er seine Mutter nie nach Weimar eingeladen hat. Dann kommt Goethes Vater dazu. Er ist stark gealtert. Der Tod seiner Tochter hat ihn mitgenommen. Jetzt hat Frau Aja Angst, »er stürbe auf der Stelle« vor Rührung. Die adligen Herren staunen, so eng ist das Verhältnis zwischen Eltern und Kindern in ihren Kreisen nicht. Kurze Zeit später ereilt den Vater tatsächlich sein erster Schlaganfall.

Bei einem anderen Besuch auf ihrem Weg in die Schweiz kann sich Goethe nicht sicher sein, dass er freundlich empfangen wird. Er trennt sich von den Kameraden und macht einen Umweg über Sessenheim. Alles scheint unverändert. Das Fachwerkhaus ist immer noch nicht renoviert, wie es der Pfarrer Brion gewünscht hatte, vor der Scheune steht die alte Kutsche, die Goethe bemalt hat. Leider sind die Farben beim ersten Regen verlaufen. Goethe klopft und will die Tür gleich öffnen, da stößt er beinahe mit Friederike zusammen. Auch sie hat sich kaum verändert, vielleicht ist sie etwas fraulicher geworden, ernster.

Das Herz muss ihr bis zum Hals geschlagen haben. Was will er? Den Bruchteil einer Sekunde so etwas wie Hoffnung, unwillkürlich, sofort weggewischt. Acht Jahre ist das nun her. – Hat sie einen anderen? Nein, gewiss nicht. – Hat er eine andere? Er sieht sehr würdig aus, trotz der Reitkleidung, ein bisschen steif sind seine Bewegungen. Ein Beamter. Die Sätze wohlgeformt, der Frankfurter Dialekt gezähmt, nicht verschwunden.

Die Eltern bieten etwas zu trinken an. Man erzählt. Ein berühmter Autor ist er geworden. Man hat auch hier einiges davon gehört. Friederike führt ihn in die Laube, wo sie früher immer saßen. Kein Vorwurf, nicht die »leiseste Berührung«, wie er Charlotte von Stein schreibt. Sie erzählt, was ihr noch von der Krankheit geblieben ist, die sie befallen hatte, als er sie verließ. Sachlich. Sie macht es ihm leicht. Bekannte kommen, ach der Herr Student. Lang ist's her. Man schwelgt in guten Erinnerungen. Für Friederike eine Pein. Goethe reist mit dem Gefühl ab, es sei ihm verziehen. Das Gefühl hat er irgendwie immer.

Die nächste Station ist ebenso pikant. Lili Schönemann, jetzt verheiratete von Türckheim. Er bezeichnet sie in seinem Reisebericht an Charlotte als schönen »Grasaffen«, ein Wort, das er sonst nur für Kinder einsetzt.

Das klingt ein wenig altväterlich. Der Grasaffe hat gerade eine Tochter geboren. Sie ist sieben Wochen alt. Lilis Mutter, die schließlich ihre seltsame Verlobung mit einem Machtwort beendet hat, ist auch da. Sie kann jetzt ruhig sehen, was für ein Schwiegersohn ihr entgangen ist. Goethe ist gerade zum Geheimen Rat ernannt worden.

Und dann noch Emmendingen, das Grab der Schwester, und ihr Haus, wo eine Verwandte bereits ihren Platz eingenommen hat. »Ihr Haushalt ist mir wie eine Tafel worauf eine geliebte Gestalt stand die nun weggelöscht ist«. Die Tafel, von der Cornelia gelöscht worden ist, ist einmal ein Doppelporträt gewesen. Er selbst steht noch auf der anderen Hälfte, seine Hand greift ins Leere. Ein Teil von ihm, auch weggelöscht.

Als die Reisegesellschaft schließlich auf dem Gotthard steht, gerät Goethe diesmal nicht in Versuchung, nach Italien abzusteigen. Im Brief an Charlotte gibt er sich ganz staatsmännisch: »Daß dem Herzog diese Reise nichts nützen würde jetzo, daß es nicht gut wäre länger von Hause zu bleiben, daß ich Euch wiedersehen werde, alles wendet mein Auge zum zweitenmal vom gelobten Lande ab …«

Im Frühjahr 1781 ist Goethe mit dem Herzog wieder auf Reisen. Diesmal geht es nur nach Thüringen. Sie besuchen den Landsitz der Familie Werthern in Neunheilingen. Über die schöne Jeannette von Werthern schreibt der Dichter seiner Freundin Charlotte am 11. März: »Dieses kleine Wesen hat mich erleuchtet.« Er vergleicht sie mit Quecksilber, das sich »tausendfach theilt und wieder in eine Kugel zusammenläuft«, bezeichnet sie als Genie in der Kunst des Lebens. Das muss Charlotte nervös machen. Sie weiß nicht, dass eigentlich Carl August hinter der Dame her ist. Er macht ihr in Gegenwart ihres ältlichen Mannes den Hof und scheint Erfolg zu haben. Für Goethe ist Frau von Werthern beinahe zu schön. Solche Frauen sind nichts für ihn. Charlotte versucht trotzdem, ihren Freund an eine festere Leine zu legen, sicher ist sicher. Also verlässt sie ihre Komfortzone der kühlen Distanz. Sie muss Goethe etwas geschrieben haben, das ihn elektrisiert hat. Sechsmal habe er ihren Brief schon gelesen, bekennt er, als er sich sofort hinsetzt, um zu antworten. Jetzt will er nur noch zu ihr.

Der Herzog kann über Goethes Ungeduld nur lächeln. Sie sei ja eine »gute Frau, aber eben kein großes Licht« gewesen, wird er nach Charlottes Tod über sie sagen.

Für Goethe erhält die immerhin schon bald sechs Jahre währende Beziehung jedenfalls neuen Schwung. »Ich wollte daß es irgend ein Gelübde oder Sakrament gäbe, das mich dir auch sichtlich und gesezlich zu eigen machte ...«, schreibt er Charlotte am 12. März. Sie schenken sich Ringe mit ihren Initialen. Goethe verbringt nach seiner Rückkehr möglichst alle Abende bei Charlotte, deren neue Wohnung an der Ackerwand er selbst gestaltet hat. Er betätigt sich als eine Art Stiefvater der Kinder, nimmt den jüngsten Sohn Fritz schließlich wie ein Pfand dieses neuen Bundes zu sich, um ihn zu erziehen. Also doch mehr ein geschwisterlicher Bund? Eine Josefsehe? Die Weimarer haben sich an dieses seltsame Verhältnis nach und nach gewöhnt. Und auch den Ehemann stört es nicht.

Die schönsten Liebesversicherungen prasseln auf Charlotte nieder: »Deine Liebe ist mir wie der Morgen und Abendstern«, »Du meine Erfüllung vieler tausend Wünsche«, »Ich bin bey dir bis zur Abenddämmrung der Götter«. Seine Beteuerungen entbehren noch immer aller erotischen Anspielungen. Und bis zur Abenddämmrung der Götter hat er auch nicht durchgehalten.

Selbstbildnis der Malerin Angelika Kauffmann, 1784

»Amors Tempel«
Angelika Kauffmann und Faustina

Italien, Land seiner Träume seit Kindertagen. Vom Vater eingeflößt, injiziert wie eine Zuckerlösung. Jahrelang hat er sich diesen Genuss aufgespart. Und er will ihn ganz für sich. Goethe reist alleine, inkognito, ohne jemandem vorher Bescheid zu sagen, nicht einmal Charlotte oder dem Herzog. Die könnten ihn schließlich mit Recht aufhalten wollen, das Risiko will er nicht eingehen. Es ist alles generalstabsmäßig geplant. Der Diener Seidel ist sein Verbindungsmann in Weimar. Er ist der Einzige, der weiß, wo sich der Herr gerade aufhält, wie er sich nennt, wie seine Adresse lautet.

Am 3. September 1786 schleicht er sich aus der Kur in Karlsbad davon. Er eilt, er flieht nach Rom. Die dazwischen liegenden Sehenswürdigkeiten werden betrachtet, aber nicht wirklich genossen. Nur Rom ist das wahre Ziel. Dort angekommen, gerät er rasch wieder in eine deutsche Community und zieht in eine Wohngemeinschaft mit drei deutschen Malern, Johann Georg Schütz, Friedrich Bury und Heinrich Wilhelm Tischbein, der dann das berühmte überlebensgroße Bild des auf einem Felsen hingegossenen *Goethe in der Campagna* mit einem großen Hut und zwei linken Füßen malen wird. Zu Tischbeins Ehre muss gesagt werden, dass der zweite linke Fuß wohl nicht von ihm stammt, sondern von einem Stümper, der das unvollendete Gemälde komplettierte, indem er Vorhandenes kopierte, eben den bereits von Tischbein gemalten linken Fuß.

Abends geht man in eine wiederum von einem Wirt deutscher Herkunft betriebene Kneipe an der Piazza di Spagna, in der sich die Landsleute treffen. Dort versucht Goethe nach gewohnter Weise zu »miseln«, was wohl bisher nicht mehr bedeutete als heftige Flirts, aber die Sitten sind hier in Italien andere. Die jungen Frauen kennen nur ein Ziel: geheiratet zu werden. Die Mütter der Mädchen sind immer dabei und kuppeln, was das Zeug hält. Erst nach der Hochzeit kann ein freieres Leben beginnen. Goethe muss sich umstellen. Aber vermutlich ist das sein Glück, denn er bekommt es in der Folge mit einer erfahreneren Frau zu tun.

Zuvor aber hält er sich an bewährte Muster. Jeden Sonntag holt ihn die berühmte Malerin Angelika Kauffmann zu einem Museumsbesuch ab. Danach wird bei ihr getafelt. Die Kauffmann ist acht Jahre älter als Goethe und verheiratet mit einem noch viel älteren Mann, der vermutlich weniger als Ehemann denn als Manager fungiert. Der Besucher aus Deutschland könnte also gerade so weitermachen, wie er in Weimar mit Charlotte geendet hat. Die Kauffmann hätte sich das vielleicht auch gewünscht, doch Goethe will diesmal etwas anderes. Das Gemälde, das sie schließlich von ihm anfertigt, gefällt ihm nicht. Lieber ist ihm die unnatürliche Pose, die Tischbein geschaffen hat. Angelika sieht ihn dagegen mit den Augen einer Frau und damit wahrscheinlich deutlich klarer: Ein hübscher, jugendlicher Mann mit zurückweichendem Haaransatz, der schon leicht ergraut ist. Er hat volle, weiblich geschwungene Lippen, darüber und auf den Wangen deutet sie einen Dreitagebart an. Sein Kopf ist etwas nach vorne geneigt, und er blickt, als wäre er in einer schwachen Stunde ertappt worden, wie auf einem Schnappschuss mit einer Kamera, der alles bloßlegt. Das kann ihm natürlich nicht gefallen.

Erst nach einem Abstecher in den Süden, nach Neapel und nach Sizilien, ereignet sich schließlich das, was sein Leben verändert. »Noch betracht' ich Kirch' und Palast, Ruinen und Säulen, / Wie ein bedächtiger Mann schicklich die Reise benutzt. / Doch bald ist es vorbei; dann wird ein einziger Tempel, / Amors Tempel, nur sein, der den Geweihten empfängt«, dichtet er in den *Römischen Elegien*, die er nach seiner Rückkehr in Weimar verfasst.

Es scheint, als sei, abgesehen von dem Wunsch, in Ruhe schreiben zu können und die italienische Kunst kennenzulernen, das Ziel von vornherein gewesen, sich endlich erotisch zu befreien, weit weg von den neugierigen Blicken in Weimar, weit weg von Charlotte.

Dass die Hüterin des erotischen Tempels, die große Unbekannte, »Faustina« hieß, wie sie in den *Römischen Elegien* genannt wird, ist eher unwahrscheinlich. In einer ersten Fassung der zweiten Elegie spielt Goethe wieder einmal mit Dichtung und Wahrheit: »Fraget nun, wen ihr wollt, mich werdet ihr nimmer erreichen, / Schöne Damen, und ihr, Herren der feineren Welt! / Ob denn auch Werther gelebt? Ob denn auch alles fein wahr sei?«

Auch die schönen Damen und Herren der feineren Welt des 21. Jahrhunderts werden es nie herausbe-

Goethe 1787, porträtiert
von Angelika Kauffmann

kommen. Er hätte sich ins Faustina-Fäustchen gelacht. Aber, dass da irgendeine war, eine Frau und eine körperliche Liebe, die Explosion der Erotik, das Erweckungserlebnis des sinnlichen Goethe, das will er nicht leugnen, er will es vielmehr kundtun in sich hebenden und senkenden Hexametern und Pentametern wie die knarzenden Bettfedern seines Bettes das Glück: »Sie ergetzt sich an ihm, dem freien, rüstigen Fremden, / … Freut sich, daß er das Gold nicht wie der Römer bedenkt. / Besser ist ihr Tisch nun bestellt; es fehlet an Kleidern, / Fehlet am Wagen ihr nicht, der nach der Oper sie bringt. / Mutter und Tochter erfreun sich ihres nordischen Gastes …«

Mutter und Tochter also. Leider fehlt, ebenso wie für den Namen »Faustina«, ein konkreter Beleg für die Identität der Familie. In Goethes Nachlass findet sich allerdings der Brief einer Frau in italienischer Sprache. Eigentlich nur ein Billett, ohne Datum und Unterschrift. Die Rechtschreibung ist mangelhaft: »Ich möchte wissen, warum Ihr gestern so fortgegangen seid, ohne mir etwas zu sagen. Ich fürchte, Ihr seid zornig mit mir, aber ich hoffe nicht. Ich bin ganz für Sie. Liebt mich, wenn Ihr könnt, so wie ich Sie liebe. Ich hoffe, eine gute Antwort von Ihnen zu haben, die, ich hoffe, nicht so ist, wie ich gedacht habe. Adieu, Adieu.« Der Brief ist aber nicht an Goethe, sondern an Signor Tischbein, »al sivor Disbein in Roma«, adressiert. Nun gab Goethe immer die Adresse von Tischbein an, wenn ihm jemand schreiben wollte, denn er mochte sein Inkognito nicht leichtsinnig lüften, und außerdem war er ja Tischbeins Untermieter. Warum sollte sich außerdem ein Brief an den Maler in Goethes Nachlass finden? Ein weiteres Indiz könnte der erste Satz des kurzen Briefs sein. Ist Goethe wieder einmal davongerannt, ohne sich zu verabschieden? Das sähe ihm doch ähnlich.

War die Frau Witwe? Hatte sie ein Kind? War sie die Tochter eines Gastwirts? Hat sie die Stunde ihres Treffens in den verschütteten Rotwein gemalt, wie es in einer der Elegien steht? Aber dass er bei seiner Abreise 400 Scudi nach Italien anweisen lässt, das ist verbrieft. Wer das Geld schließlich bekommen hat, bleibt ein Geheimnis.

Er muss zurück nach Weimar. Sein Dienstherr hat ihm immer wieder Aufschub gewährt, jetzt lässt es sich nicht mehr vermeiden. Der Abschied fällt ihm schwer. Zwei Wochen lang weint er täglich wie ein Kind, erzählt er später Caroline Herder. Aber es muss sein. Langsam nähert er sich der Heimat, besucht noch Florenz, Mailand und Como. Und dann am 18. Juni 1788 ist der Geheimrat wieder da.

»Das arme Geschöpf« Christiane Vulpius

Goethe wundert sich ein bisschen, dass nicht alle begeistert herbeiströmen, um seine Geschichten aus Italien zu hören. Die Freunde sind verschnupft. Vor allem Charlotte, die ihre Beziehung nach seinem wortlosen Abschied für beendet hielt und noch immer nicht recht weiß, wie es nun weitergehen soll.

Es folgen Briefe an die ehemalige Geliebte, vorsichtig tastend. Was kann man ihr noch schreiben, außer einem Dank für ein Frühstück, etwas über den verletzten Fuß des Herzogs, ihren obligatorischen Herbstaufenthalt in Kochberg und dann: »Liebe mich.« Mitte Juli 1788 verlangt sie eine Aussprache, Goethe bittet schon vorher um Gnade. »Gerne will ich alles hören was du mir zu sagen hast, ich muß nur bitten daß du es nicht zu genau mit meinem jetzt so zerstreuten, ich will nicht sagen zerrissnen Wesen nehmest. Dir darf ich wohl sagen daß mein innres nicht ist wie mein äußres.«

Das Innere dürfte viel fröhlicher sein, als er es in diesem Brief darstellt. Denn er hat eine Frau kennengelernt. Christiane Vulpius ist dreiundzwanzig. Sie kommt aus der verarmten Familie eines kleinen Hofbeamten, der wegen eines Dienstvergehens suspendiert wurde. Der Vater ist aus Gram längst gestorben, Christiane muss zum Lebensunterhalt der Familie beitragen. Sie arbeitet in der Bertuch'schen Kunstblumenfabrik, in der mittellose junge Frauen, aber auch Damen der besseren Gesellschaft Ansteckröschen für Kleider, Garnituren für Hüte und Blumenbouquets als Tischdekoration fertigen. Goethes Mutter hat auch schon dort bestellt.

Ein Bittbrief des Bruders ist der Anlass für ihre erste Begegnung. Christian August Vulpius, studierter Jurist, dazu Autor von Unterhaltungsromanen, steckt in einem ziemlich prekären Arbeitsverhältnis. Er braucht dringend eine neue Stelle. Als Autor ist er keine ernst zu nehmende Konkurrenz. Da ist der Geheimrat immer bereit zu helfen.

Goethe ist noch von seinem italienischen Abenteuer in Schwung, braun gebrannt, schlank, jugendlich. Sie ist ein Muster all seiner frühen Träume, natürlich, hübsch, ihre lockigen Haare trägt sie offen, mit einem Reif aus dem Gesicht gehalten. Und sie kann lachen, ohne verschämt die Hand oder einen Fächer vor den Mund zu halten. Was sie tut, tut sie mit ganzem Herzen, auch die Liebe. Es muss ziemlich bald gefunkt haben.

»... hebet am Ende / Sich ein brokatener Rock nicht wie ein wollener auf? / ... Schon fällt dein wollenes Kleidchen, / So wie der Freund es gelöst, faltig zum Boden hinab. / Eilig trägt er das Kind, in leichter linnener Hülle, / Wie es der Amme geziemt, scherzend aufs Lager hinan. / ... Uns ergötzen die Freuden des echten nacketen Amors / Und des geschaukelten Betts lieblicher knarrender Ton«, schreibt er in den *Römischen Elegien*, in denen sich die Erinnerung an sein italienisches Abenteuer mit der Gegenwärtigkeit Christianes mischt.

Vor der Weimarer Gesellschaft versucht er, sein Verhältnis geheim zu halten. Ein Dreivierteljahr weiß niemand außer dem treuen Diener Seidel davon. Doch dann geht Fritz, Charlottes Sohn, den Goethe einfach allein mit dem Diener Seidel zurückgelassen hat, als er nach Italien abreiste, einmal hinunter zum Gartenhaus. Vielleicht ist es eine Art Heimweh, er denkt an die schönen Zeiten, die er mit dem Ziehvater, der so vollkommen zugewandt und manchmal auch kumpelhaft kindisch sein konnte, dort zugebracht hat. Es ist Frühjahr. Der Winter war schneereich. Ein heftiger Wind hat alles weggefegt. Die Wiesen sind noch bräunlich zerknittert, die Ilm rauscht wie ein Gebirgsbach. Das Gartenhaus steht ein paar Meter erhöht über dem Wiesengrund am Hang. Es sieht verlassen aus, doch als Fritz näher kommt, hat er das Gefühl, dass etwas anders ist. Vielleicht so: Ein geblümter Vorhang, ein Blumenstöckchen im Fenster, die Treppe ist gefegt, die Tür nicht verschlossen. Da steht Christiane vor ihm. Er fragt, wer sie sei, und sie antwortet lachend: Ich wohne hier. Fritz ist sofort klar, dass das keine Dienstmagd ist.

Er rennt zu seiner Mutter, erzählt ihr alles. Er betrügt uns! Ja, auch er fühlt sich betrogen und verlassen. Und die ganze Weimarer Gesellschaft fühlt sich betrogen und verlassen. Die Empörung ist groß. Caroline Herder behauptet – wir erinnern uns, das war die »Psyche« in Darmstadt während der empfindsamen Zeit –, Christiane sei eine allgemeine Hure gewesen, bevor sie Goethe kennenlernte.

Am härtesten trifft es natürlich Charlotte. Plötzlich scheint ihr alles klar. Christiane hat ihr den Freund ausgespannt. Sie ist jünger, williger, ein ungebildetes

Wesen. Goethe verteidigt das Verhältnis, indem er, nicht sehr fein und auch nicht besonders ehrlich, Christiane selbst herabsetzt: »... wer macht Anspruch auf die Empfindungen die ich dem armen Geschöpf gönne? Wer an die Stunden die ich mit ihr zubringe?«, schreibt er Charlotte am 1. Juni 1789. Das »arme Geschöpf« ist also nur für das da, was er bei Charlotte nicht bekommen hat. Weiter nichts. Aber war da nicht noch etwas anderes außer dem Sex, so etwas wie Herzenswärme? Goethe legt nach: »... die Art wie du mich bißher behandelt hast, kann ich nicht erdulden ... Jede meiner Minen hast du kontrolliert, meine Bewegungen, meine Art zu seyn getadelt ...« Plötzlich kommt alles auf den Tisch, jede Verletzung, jede Missstimmung. Sie solle nicht so viel Kaffee trinken, das mache aggressiv. Die Beziehung bricht endgültig ab.

Christiane wird schwanger. Goethe liebt Kinder. Bei Charlotte Buff hat er mit den Geschwistern gespielt. Er hat sich Fritz von Stein als Ziehsohn quasi angeeignet. Jetzt ist sein eigenes Kind unterwegs. Aber am Frauenplan, in dem Haus, das er seit 1782 bewohnt, an so einer zentralen Stelle in der Stadt, das geht doch nicht! Vor allem die Damen um Herzogin Luise sind entsetzt. Da würde sie am Ende der Geliebten Goethes mit ihrem Bankert begegnen. Unsäglich! Das kann man ihr nicht zumuten. Der Herzog fände es vielleicht nicht einmal so schlimm, aber gegen die weibliche Empörung kommt er nicht an. Er weist Goethe zwei Wohnungen in den sogenannten Jägerhäusern außerhalb der Stadtmauern zu. Goethe fügt sich. Er zieht samt Christianes Restfamilie, der Schwester, der Tante und dem Maler

Johann Heinrich Lips, den er aus Rom kennt und der in Weimar an der Freien Zeichenakademie lehrt, ein. Christianes Bruder ist noch in Leipzig beim Verleger Göschen, wohin ihn Goethe empfohlen hat.

Der werdenden Mutter geht es am Ende der Schwangerschaft nicht gut. Das hält Goethe nicht aus. Er flieht nach Jena. Es ist sein bereits erprobter Schutzmechanismus. Das Leid anderer will er nicht zu seinem eigenen machen. Auch am Heiligen Abend ist er nicht anwesend. Am 25. Dezember 1789 wird schließlich der Sohn August geboren. Erst jetzt kommt Goethe zurück. Nichts ist mehr wie zuvor. Das Kind schreit, er wohnt in einer Wohnung für Lakaien, und er lebt mit fremden Menschen zusammen. Zweifel befallen ihn, ob seine Entscheidung richtig gewesen ist, mit Christiane zusammenzuziehen. Der Skandal wühlt die Stadt auf. Er muss fürchten, seinen Rückhalt in der Hofgesellschaft endgültig zu verlieren. Charlotte und die Herzogin Luise hat er sich schon zu Feindinnen gemacht, aber auch die Gunst des Herzogs zu verlieren, das würde das Ende seiner Karriere bedeuten.

So richtig lange wird er in der Zeit seines Zusammenlebens mit Christiane nie zu Hause sein. Er führt eine Art Doppel- oder sogar Tripelleben, einmal das bei Hof im Dienste des Herzogs, wenn auch nicht mehr mit so weitreichenden Aufgaben, dann natürlich als Dichter und schließlich als braver Hausvater. Alle drei Leben haben beinahe nichts miteinander zu tun. Er versucht sie etappenweise zu bewältigen und hinterlässt, wo er gerade nicht ist, großen Missmut.

Wenn er zum Schreiben nach Jena flieht, muss

Christiane alles alleine bewältigen. Sie muss den Haushalt am Laufen halten, mit dem Geld klarkommen, sich um das Kind kümmern. Wenn er da ist, erhebt er Anspruch auf häusliche Geborgenheit, spielt mit dem Kind, sitzt abends im Lehnstuhl, gar nicht wie man sich so einen Geheimrat vorstellt. Er trägt eine »Fuhrmannsmütze auf dem Kopf, ein Wolljäckchen und lange Flauschpantalons« – die Jogginghosen des ausgehenden 18. Jahrhunderts –, seine Pantoffeln sind ausgetreten, und die Strümpfe hängen herab, so beschreibt der Gymnasialdirektor Karl August Böttiger die Idylle.

Dem Herzog teilt der Hausvater am 24. März 1791 in Versen mit: »Indeß macht draußen vor dem Thor, / Wo allerliebste Kätzchen blühen, / Durch alle zwölf Categorien / Mir Amor seine Späße vor.« Die Späße haben Folgen. Christiane ist wieder schwanger. Das Kind, ein Sohn, kommt tot zur Welt.

Dem Austausch von Liebeserlebnissen, die Carl August ein bisschen amüsiert haben dürften, denn er hat da vielfältigere Erfahrungen, folgt die Aufforderung des herzoglichen Herrn, mit ihm in den Krieg gegen die französischen Revolutionäre zu ziehen, als Feldpoet sozusagen. Auf dem Weg zur Front macht Goethe kurz in Frankfurt bei der Mutter halt. Er hat sie zwölf Jahre lang nicht mehr gesehen, sie, die ihn so über alles liebt! Als lebte er auf dem Mond und nicht ein paar Tagesreisen entfernt in Weimar. Christiane berichtet der Sohn dennoch am 17. August 1792: »Meine Mutter habe ich wohl angetroffen und vergnügt …« Die Mutter ist meist vergnügt, und Christiane ist es auch. Sie sind sich in so vielem ähnlich. Sie wären beide bereit, sich für ihn zerreißen zu lassen.

»Küsse den Kleinen an den ich oft dencke.«
Christiane Vulpius mit Sohn August

Die Briefe an Christiane sind voller Liebesversicherungen: »Ich vermisse dich sehr und liebe dich von Herzen.« »Küsse den Kleinen an den ich oft dencke. Auch an alles was um dich ist, an unsre gepflanzten Kohlrüben und so weiter lebe wohl mein liebstes …« »Du mußt mich aber nur lieb behalten und nicht mit den Äugelchen zu verschwenderisch umgehen.«

»Die Äugelchen«, ihr Synonym für einen Flirt. Im Prinzip sind sie genehmigt, aber sie dürfen eben nicht zu weit gehen. Christiane hat für Äugelchen im Moment allerdings gar keine Zeit. Goethe ist es kurz vor seiner Reise in den Krieg gelungen, das Haus am Frauenplan erneut für sich zu gewinnen. Es hat einiger Überredung bedurft, aber dann hat der Herzog das Haus gekauft und es endgültig Goethe als Wohnstatt zugestanden. Bereits im Juni 1792 ist er mit Christiane und dem Kind, ihrer Familie und dem Maler Johann Heinrich Meyer eingezogen. Auch der »Kunschtmeyer«, wie er wegen seines Schweizer Idioms spöttisch genannt wird, ist ein ehemaliger Mitbewohner der Wohngemeinschaft in Rom.

Während Goethe im Krieg weilt, leitet der Freund den Umbau des Hauses. Klassisch soll es werden. Die Treppe mit den niedrigen Stufen, die man nicht anders als hinaufschreiten kann, voller Ehrerbietung für den oben am Absatz stehenden Herrn des Hauses, ist ein Statussymbol, genauso wie die im Frankfurter Elternhaus mit dem schmiedeeisernen Gitter, in das die Initialen der Eltern eingearbeitet sind. Der Aufstieg über die Treppe ein Symbol für den gesellschaftlichen Aufstieg.

Christiane kümmert sich inzwischen um die Ordnung im neuen Domizil. Mehrmals schreibt Goethe ihr, dass sie alles vorbereiten solle, damit sie beide dort dann zusammen recht glücklich sein könnten. Christiane scheint diese Reduzierung auf die hausfraulichen Tätigkeiten nichts auszumachen. Die gehässigen Weimarer Damen nennen sie Goethes Haushälterin. Die haben leicht reden. Sie selbst müssen sich meist nur wenig mit der Wirtschaft herumschlagen. Es bleibt hinreichend Zeit zum Musizieren, Malen und zu feinsinnigen Gesprächen. Natürlich hat auch Christiane Personal, Köchin, Hausmädchen, aber sie ist überall dabei, packt an, wäscht, plättet, pflegt mehrere Gärten. Und es sind immer viele Esser bei Tisch. Der Kunschtmeyer, die eigene Familie, Gäste werden einquartiert, Gesellschaften werden in den neuen Räumen abgehalten, obwohl der Hausherr nicht einmal anwesend ist.

1793 muss der wieder mit dem Herzog in den Krieg ziehen. Diesmal geht es zur Belagerung von Mainz. Ein weiterer Versuch, die neue Zeit zu stoppen. Goethe müsste eigentlich auf der anderen Seite stehen – auf der Seite der französischen Truppen, die die Demokratie installieren wollen, nicht auf der der Koalitionstruppen Preußens und Österreichs –, aber er kann sich nicht, wie manche seiner Freunde, entschließen, auf Kosten des Herzogs zu leben und gleichzeitig den Revolutionär zu spielen.

Für die Mutter bedeutet der nahe Krieg wenigstens das Glück, ihren Sohn schon wieder zu sehen, und das nach nur einem Dreivierteljahr! Er nutzt die Gelegenheit, ihr endlich mitzuteilen, dass er mit Christiane in einer eheähnlichen Gemeinschaft lebt: Du hast bereits einen Enkel, August! Er ist drei Jahre alt. Und Christiane ist wieder schwanger.

Da muss selbst die tolerante Frau Rat erst einmal schlucken. Warum zieht Wolfgang sie jetzt erst ins Vertrauen? Sie lässt Christiane aber grüßen, der Sohn soll ein Geschenk von ihr schicken. Christiane weint vor Freude. Endlich jemand, der sie nicht sofort zurückstößt. Sie schreibt einen Dankesbrief. Die restlichen Vorbehalte schmelzen dahin. Frau Aja nennt Christiane den »Bettschatz« ihres Sohnes, und das ist nicht negativ gemeint.

Im Juli fällt Mainz. Im November kommt das Kind zur Welt. Sie nennen es Caroline. Es stirbt nach wenigen Tagen.

Der Vater versucht seinen Schmerz mit Aktivität zu betäuben, reist nach Ilmenau, hält dort eine Rede. Im Februar 1794 ist er in Jena und gründet den Herzoglich Botanischen Garten und das botanische Institut an der Universität. Sooft er in Weimar abkömmlich ist, zieht sich Goethe jetzt zum Arbeiten nach Jena zurück, wo er im Stadtschloss ein paar Zimmer hat. Christiane leidet darunter. Sie versteht das nicht. Er schreibt, er habe sie lieb, und zu Hause sei es doch am besten, und dann schiebt er die Rückkehr ein ums andere Mal auf. Am schlimmsten aber wird es, als er eine neue Beziehung knüpft. Diesmal ist es ein Mann: Schiller!

Sie treffen sich nach einem Vortrag der Naturforschenden Gesellschaft im Jenaer Schloss, ganz zufällig beim Hinausgehen. Oder hat Schiller vielleicht gewartet? Schon lange bemüht er sich, mit dem Kollegen in Verbindung zu treten, aber bisher waren da immer zu viele Leute um sie herum, die hören wollten, was sich die zwei Genies zu sagen haben. Diesmal lösen sie sich ganz von selbst aus der Menge, gehen ein paar Schritte, Schiller bemängelt den Vortrag als zu lexikalisch, Goethe sagt: Ja gewiss, aber …, und so wandern sie diskutierend weiter bis zu Schillers Wohnung. Ein denkwürdiges Ereignis und ein merkwürdiges Paar. Schiller, lang und mager mit leichten X-Beinen, Goethe deutlich kleiner und inzwischen dank Christianes guter Versorgung ziemlich dick geworden.

So gegensätzlich sie äußerlich und in ihrem Denken sind, von diesem Tag an reißt der Kontakt nicht mehr ab. Nicht nur die Ruhe zum Arbeiten zieht Goethe jetzt nach Jena, sondern auch die Möglichkeit, Schiller zu treffen. Fast jeden Tag geht er, wenn er mit dem Schreiben fertig ist, zu ihm. Er fühlt sich schnell familiär, neckt Schillers Sohn und plaudert mit seiner Frau Charlotte. Zu Hause warten Christiane und August sehnsüchtig. Das Schlimmste aber ist, dass es zwischen diesen zwei Familien keine Verbindung geben kann. Charlotte ist das Patenkind von Charlotte von Stein und deren beste Freundin.

Im Sommer 1795 reist Goethe nach Karlsbad. Es ist eine kleine Flucht, denn in diesen Tagen werden die *Römischen Elegien* in Schillers Zeitschrift *Die Horen* veröffentlicht. Die schlüpfrigsten hat Goethe schon zurückgehalten, aber die Weimarer Gesellschaft ist dennoch pikiert. Herder meint, man müsse *Die Horen* jetzt mit »u« schreiben. Der Herzog findet manche Formulierungen zu »rüstig«, Schiller bedauert, dass die ursprüngliche II. Elegie mit dem »echten nacketen Amor«

weggelassen wurde, weil sie besonders »rüstige« Stellen enthielte. Charlotte von Stein wiederum ist das Verbliebene rüstig genug.

Im Oktober 1795 kommt ein Junge zur Welt. Er ist zart, aber gesund. Goethe meint, er könne ruhig nach Jena fahren. Doch dort erreichen ihn bald schlechte Nachrichten. Dem Kind geht es nicht gut. Es schläft nur, ist matt. Goethe kommt umgehend zurück. Das Kind stirbt, wie seine Geschwister, kurz nach seiner Geburt. Man wusste noch nichts von unverträglichen Blutgruppen, die nach der Geburt des ersten Kindes für Abwehrstoffe bei der Mutter gegenüber den weiteren Föten sorgen.

Goethe ist keiner, der angesichts von Krisen über sich hinauswächst. Lieber flieht er, schneidet erst einmal alle Fäden durch. 1797 im Juli ist es wieder einmal so weit. Er verbrennt alle bis 1792 erhaltenen Briefe und liebäugelt mit einer dritten Italienreise. Aber die politischen Verhältnisse sind nicht günstig. Der erste Koalitionskrieg der Franzosen unter Napoleon hat sich nach Oberitalien verlagert.

Stattdessen reist er ein letztes Mal zur Mutter nach Frankfurt. Christiane und August dürfen mit. Sie werden der Mutter vorgestellt. Ein großer Moment für die Lebensgefährtin. Die zwei Frauen verstehen sich auf Anhieb. Beide sind sie natürlich, geradeaus, amüsieren sich gern, gehen gern in die Komödie. Die Geliebte des Sohnes muss Goethes Mutter wie ein jüngeres Spiegelbild ihrer selbst vorgekommen sein.

Schon nach drei Tagen fährt Christiane zurück nach Weimar. Alleine übernachtet sie mit dem achtjährigen

Sohn in den Gasthöfen. Sicherheitshalber ist sie mit zwei Pistolen bewaffnet. In Neuhof ist kaiserliches Militär untergebracht. Sie lässt die Pistolen am Gürtel herausgucken und passiert ungeschoren fünfzig Mann, die vor dem Gasthof stehen, »… es hat keiner gepiepst«, trägt sie mit einem gewissen Stolz in ihr Tagebuch ein, das sie auf Anweisung Goethes führen muss.

Erst als Mutter und Kind wieder in Weimar sind, kommt von ihm die Nachricht, dass er in die Schweiz weiterreisen wird. Sie »gramselt«, wie sie es nennt, fleht ihn an, keinesfalls nach Italien zu gehen.

Er kehrt um, blickt noch einmal vom Gotthard sehnsuchtsvoll nach Süden und fährt nach Hause zurück zu Weib und Kind. Fast zehn Jahre lebt er jetzt mit Christiane zusammen. Sie wird selbstbewusster. Der Rückhalt durch seine Mutter tut ihr gut. Sie findet, sie kann auch einmal Forderungen stellen. An Weihnachten bleibt er diesmal bei der Familie. Schiller wartet in Jena vergebens.

Christiane ringt Goethe ab, dass er sie mehr in sein Leben einbezieht, dass er sich öffentlich mit ihr zeigt, dann will sie auch Ruhe geben, wenn er für Wochen nach Jena flieht. Außerdem versucht sie, ihn mit einem Versprechen häufiger nach Weimar zu locken. Am 25. September 1799 schreibt sie: »Du kannst hier wie in Jena im Bette dictieren, und ich will des Morgens nicht eher zu dir kommen, bis du mich verlangst.« Das gemeinsame Schlafzimmer im Alkoven wird abgeschafft. Jetzt richtet sich Goethe dort seine Bibliothek ein, sein Schlafzimmer verlegt er auf die Gartenseite, das Grün von dort setzt sich im Zimmer fort, grüne Wände, grüner Wandbehang, der grüne Sessel, in dem er sterben wird, ein schlankbeiniges Tischchen und ein schmales Bett stehen dort, nebenan nächtigt der Diener. So könnte es gehen.

In Weimar lockern sich die Verhältnisse schließlich. Er nimmt Christiane mit zu einem Besuch bei Schiller, der inzwischen auch hier wohnt. August darf die paar Schritte zu Charlotte von Stein laufen. Die freut sich über das artige Kind, bei dem sie aber besorgt die Persönlichkeitsanteile der Mutter vermerkt. Einmal backt Christiane sogar einen Kuchen für Charlotte, zum Geburtstag. Eine Bedienstete trägt ihn hinüber. Charlotte von Stein, die gerade Besuch hat, ist peinlich berührt. Da werden die Weimarer wieder etwas zum Tratschen haben.

Am 14. Oktober 1806 gibt es ganz andere Erschütterungen im Haus am Frauenplan. Schon um sieben Uhr morgens hört man von Jena herüber das Grollen der Kanonen. Die Schlacht von Jena und Auerstedt hat begonnen. Um die Mittagszeit wird es ruhiger. Die Goethe'sche Familie setzt sich zum Essen. Plötzlich pfeifen Kanonenkugeln übers Haus. Napoleons Truppen ante portas. Rasch wird abgeräumt. Goethe geht in den Garten, läuft unruhig auf und ab. Das könnte das Ende von allem sein, was er sich so erfolgreich aufgebaut hat. Das Haus, seine Stellung in Weimar bei Hofe, das Gehalt, seine Sammlungen, alles steht infrage, das ganze gelungene Leben. Hinter der Gartenmauer an der Ackerwand hört man die fliehenden Preußen vorbeirennen, dann kommen nur noch einzelne, und dann wird es ganz still.

August und sein Hauslehrer Riemer spähen durch die Fenster neben der Vordertür. Um die Ecke lugt ein Franzose, dann ein zweiter, jetzt treten sie zögernd auf den Platz hinaus. Es werden immer mehr. Sie sind da, ruft August. Gebt ihnen was zu saufen, ruft Goethe. Bald pocht es an der Tür. Viele sind Elsässer. Sie sprechen ihr seltsames alemannisches Deutsch. Aber man versteht sich. August bringt Bier, Christiane lässt Wein aus dem Keller holen. Es scheint alles noch ganz gesittet zuzugehen. Sie bietet ihnen ein Nachtquartier im Gesindezimmer an und etwas zu essen. Die Soldaten sind erschöpft. Sie lassen sich auf ihre Strohlager sinken.

Da hält ein französischer Husar vor der Tür, springt vom Pferd, klopft, er will den Geheimrat sprechen. Es ist der Sohn von Goethes ehemaliger Verlobten Lili Schönemann, Wilhelm von Türckheim. So viel Glück hat der Götterliebling Goethe wieder einmal. Türckheim verspricht, dass Marschall Michel Ney und seine Begleitung bei ihm einquartiert würden. Das ist natürlich etwas ganz anderes als die einfachen Soldaten, die zum Randalieren und Plündern neigen. Man richtet die Zimmer für den Marschall, der in den nächsten Stunden eintreffen soll. Goethe geht erst einmal zu Bett.

Mitten in der Nacht schlagen wieder Soldaten mit Gewehrkolben ans Tor. Es sind leider nicht Neys Leute. Es sind zwei Tirailleurs, Schützen, die vor allem als Einzelkämpfer mit ihren Gewehren auf gegnerische Offiziere anlegen. Rohe Kerle. Sie verlangen eingelassen zu werden. Riemer versucht sie abzuwimmeln, aber sie drohen, sich mit Gewalt Einlass zu verschaffen. Nun lässt man sie herein. Sie bekommen Wein, die

Schlafstellen seien allerdings alle belegt. Die Tirailleurs verlangen den Hausherrn zu sehen. Goethe erscheint im weiten Schlafrock, den er den »Prophetenmantel« nennt, auf seiner italienischen Prachttreppe mit den niedrigen Stufen. Er macht Eindruck. Die beiden Soldaten bieten ihm ein Glas von seinem eigenen Wein an. Man stößt an. Vive la France. Goethe sagt: Bonne nuit, steigt die Treppe hinauf und entschwindet. Die zwei Tirailleurs lassen sich in den vorbereiteten Zimmern des Marschalls nieder. Aber noch sind sie unternehmungslustig, wittern fettere Beute. Wo ist der Alte hin? Sie machen sich auf die Suche, dringen in Goethes Schlafzimmer ein, bedrohen ihn mit ihren Bajonetten. Da wird Christiane zur Furie. Sie schreit um Hilfe. Ein paar Männern, die sich ins Haus am Frauenplan geflüchtet haben, gelingt es, die betrunkenen Marodeure hinauszudrängen. Goethe ist gerettet.

Fünf Tage später, am 19. Oktober 1806, heiratet er Christiane. In die Eheringe wird das Datum des Tages ihrer Rettung, der 14. Oktober, eingraviert.

»So frisch und rot wie ein Mayenrose« Bettine Brentano und Wilhelmine Herzlieb

Ihr älterer Bruder Clemens, der Einzige, vom dem sie glaubt, dass er sie versteht, hat Bettine Brentano geraten, sie solle Goethes Werke lesen und sich an seiner Dichtung bilden. Das hat sie getan. Und weil es vom Frankfurter Elternhaus in der Sandgasse nicht weit zum Roßmarkt ist, wo Goethes Mutter nach dem Verkauf des Hauses im Großen Hirschgraben wohnt, besucht sie die alte Dame dort seit etwa einem Jahr regelmäßig. Sie sitzt auf dem »Schawell«, einem Fußschemel, vor dem Sessel der Frau Rat und lässt sich Geschichten aus Goethes Kindheit und Jugend erzählen.

Den Meister will sie natürlich unbedingt persönlich kennenlernen. Sie droht, sich als Junge zu verkleiden und zu Fuß nach Weimar zu gehen. Das wäre ihr zuzutrauen. Deshalb beschließt die Familie, dass sie den Schwager, den Bankier Carl Jordis, und ihre Schwester Lulu auf eine Dienstreise nach Berlin begleiten darf. Auf dem Rückweg, hat der Schwager versprochen, werde man in Weimar haltmachen. Bettine Brentano ist überglücklich. Endlich wird sie ihr Idol, Goethe, kennenlernen.

Am 16. April 1807 kommt die Reisegesellschaft nach dreitägiger Tag- und Nachtfahrt von Berlin aus in Weimar an. Ob Bettine und ihre Schwester tatsächlich in Männerkleidern gereist sind wegen der angespannten militärischen Lage? Bettine will sogar mit einer Pistole auf dem Bock gesessen haben, bereit zu schießen, wenn sich ihnen jemand entgegenstellte. So gefällt sie sich, burschikos, verwegen, eine Räuberbraut. Vor allem hat sie eine blühende Fantasie.

Schwester und Schwager wollen nach der anstrengenden Fahrt erst einmal schlafen, Bettine ist putzmunter. Von einem Bedienten begleitet, der sie streckenweise durch den Straßenmatsch tragen muss, macht sie zunächst Christoph Martin Wieland einen Überraschungsbesuch. Der war einmal, lang, lang ist's her, mit der Großmama verlobt. Bettine gibt sich als alte Bekanntschaft aus. An die kann er sich gar nicht erinnern. Er grübelt und grübelt. Dann gibt sie sich zu erkennen, und Wieland schreibt ein Billett an Goethe: »Bettina Brentano, Sophiens Schwester, Maximilianens Tochter, Sophie La Rochens Enkelin wünscht Dich zu sehen … und giebt vor, sie fürchte sich vor Dir … Wiewohl ich ziemlich gewiß bin, daß sie nur ihren Spaß mit mir treibt, so muß ich doch thun, was sie haben will, und es soll mich wundern, wenn Dir's nicht eben so wie mir geht.«

Für Goethe hat Bettine eine andere Showeinlage parat. Sie fällt angesichts des Heros in Ohnmacht. Goethe fängt sie auf. »Armes Kind, hab' ich sie erschreckt«, sagt er und platziert sie auf einem Sofa. Danach stockt die Unterhaltung, was sowohl für Goethe als auch für Bettine sehr ungewöhnlich ist. Sie platzt heraus: »… hier auf dem Sopha kann ich nicht bleiben.« Goethe antwortet: »Nun! … machen Sie sich's bequem.« Da fliegt sie an seinen Hals, er zieht sie wie ein kleines Mädchen auf seine Knie, und sie schläft an seiner Brust ein.

Bettine Brentano, »Sophiens Schwester, Maximilianens Tochter, Sophie La Rochens Enkelin wünscht Dich zu sehen.«

Vorbehaltlich, das hätte sich tatsächlich so zugetragen, dann hätte es Christiane sicher nicht gefallen. Aber das ist Bettines Schilderung aus ihrem späteren Bestseller *Goethe's Briefwechsel mit einem Kinde*. Da ist manche Übertreibung drin. Die Geheimrätin ist trotzdem auf der Hut. Es gibt so viele Damen, die sich ihrem Mann an den Hals werfen wollen. Aber sie will ihre mit der Mutter ihres Mannes geschlossene Freundschaft nicht aufs Spiel setzen und gibt vor, Bettine zu mögen und sich über ihren Besuch gefreut zu haben. In Wahrheit ist ihr das exaltierte Wesen ziemlich suspekt.

Eigentlich braucht sich Christiane keine Sorgen zu machen. Bettine ist nicht der Typ ihres Mannes. Sie ist viel zu frech, zu laut, zu aufgeregt. Er mag mehr die stillen, braven Mädchen.

Da ist zum Beispiel Minchen Herzlieb. Allein ihr Name ist bereits Programm. Sie ist Pflegetochter in der Familie des Verlegers Frommann, die Goethe in Jena oft besucht. Seit Kindesbeinen kennt er sie. Jetzt ist Minchen oder Minna, eigentlich heißt sie Wilhelmine, eine etwas madonnenhaft blasse Schönheit geworden. Die Dichter, die sich im Haus Frommann versammeln, beginnen einen Sonetten-Wettbewerb, in dessen Zentrum Minchen steht. Es geht los mit einer Scharade, aus der ihr Nachname »Herzlieb« erraten werden soll. »Zwei Worte sind es, kurz, bequem zu sagen, / Die wir so oft mit holder Freude nennen«, beginnt Goethes Scharade. Riemer, sein Sekretär, dichtet: »Ich kenn ein holdes Kind in Jugendfülle / So frisch und rot wie ein Mayenrose …« Bettine wird später verzweifelt versuchen, darin sich selbst zu finden, aber es gelingt ihr nicht wirklich. Sie ist keine Maienrose, eher ein kleiner, ziemlich zäher Kaktus.

Christiane gegenüber wird Goethe in einem Brief von 1812 erstaunlich offen bekennen, dass er Minchen »mehr als billig« geliebt habe. Aber was ist das für eine Liebe gewesen? Er macht nicht den geringsten Versuch, bei diesem Äugelchen oder den noch folgenden, eine erotische Affäre daraus zu machen. Er kehrt vielmehr im Alter zu seinem Prinzip der Enthaltsamkeit zurück. Die Erfüllung, hat er vielleicht festgestellt, führt am Ende zur Gewöhnung, vielleicht sogar zum Überdruss. Er liebt Christiane sicher noch auf irgendeine Weise. Aber der schwebende Zustand der Verliebtheit, zwischen Sehnsucht und Befriedigung, fehlt ihm. Der scheint viel anregender auf seine literarische Produktion zu wirken.

Ist das Ehebruch? Goethe betrachtet die Liebe, wie ein Naturforscher die Phänomene betrachtet. Nun bringt er sie in eine Versuchsanordnung, natürlich in der Literatur. Er schreibt die *Wahlverwandtschaften*. Minchen wird das Vorbild für die Ottilie werden.

So sehr sei sie gar nicht in Goethe verliebt gewesen, gesteht auch Bettine später. Sie hat aber sehr viel von Goethe gelernt. Wie er in *Die Leiden des jungen Werthers* die Begegnung mit Lotte Buff zu einer großen Liebesgeschichte stilisiert, wird es Bettine mit Goethe machen in *Goethe's Briefwechsel mit einem Kinde*, dem Buch, das sie erst mit fünfzig Jahren, 1835, veröffentlicht. Da ist Goethe gerade drei Jahre tot und kann sich nicht mehr wehren.

Im Jahr nach Bettines erstem Besuch in Weimar stirbt Goethes Mutter. Sie hat sich so gewünscht, ihren

»Zwei Worte sind es, kurz, bequem zu sagen, / Die wir so oft mit holder Freude nennen.«
Wilhelmine Herzlieb

Hätschelhans noch einmal zu sehen, aber der muss zur Kur fahren nach Böhmen. Bettine dagegen sitzt treu an ihrem Bett. Zwei Jahre später, als Goethe seine Autobiografie plant, bittet er sie um ihre Aufzeichnungen, die sie von den Gesprächen mit der Mutter gemacht hat. Er bedient sich ungeniert bei ihren Formulierungen.

Bettine kommt ihrem Angebeteten 1810 in Bad Teplitz am nächsten. Der gesteht Christiane brieflich: »Sie war wirklich hübscher und liebenswürdiger als sonst.« Das lässt zumindest darauf schließen, dass er fern von Christianes Überwachung vielleicht ein paar Küsschen oder ein Tätscheln der rundlichen Mädchenwangen für akzeptabel gehalten hat. Bettine macht in ihrem Buch eine leidenschaftliche Liebesszene daraus: »Es war in der Abenddämmerung im heißen Augustmonat ... Vielleicht weil er's nicht länger ertragen mochte fragt er ob mir nicht heiß sei, ... ich nickte, so sagt er: ›Mach doch den Busen frei ...‹ und küßte mich auf die Brust; und senckt die Stirne drauf.«

Im September 1811 ist Bettine erneut am Frauenplan. Sie ist jetzt mit Achim von Arnim verheiratet und bereits schwanger. Es geht ihr nicht so gut. Das macht sie reizbar, und ihre Einheirat in den Kreis der jungen Romantiker, der sich um ihren Bruder Clemens gruppiert, macht sie noch selbstbewusster. Eines Nachmittags besucht man eine Ausstellung der Akademie, die vom »Kunschtmeyer« geleitet wird. Bettine betrachtet die Exponate durch ihre ziemlich extravagante Brille, und vielleicht lächelt sie süffisant angesichts der altmodischen, ungelenken Bilder. Sie ist mit Christiane allein im Raum. Ihre Arroganz ist mit Händen zu greifen. Die Frau Geheimrätin schnaubt. Bettine sagt irgendetwas

Abfälliges. Das ist der Tropfen, der das Fass bei Christiane zum Überlaufen bringt. Meyer ist ein guter Freund. Jahrelang hat er mit ihr und Goethe unter einem Dach gelebt. Er hat sie immer respektiert und ihr wohl auch manches Mal geholfen, wenn Goethe nicht da war. Sie lässt nicht zu, dass man ihn beleidigt, vor allem auch, da Meyer gerade bei der Besetzung durch die Franzosen fast seine gesamten Arbeiten verloren hat. Vielleicht sagt Bettine, dass es um die wohl nicht schade gewesen sei, da wird Christiane zur Furie. Sie packt Bettine, sie zerren sich an den Haaren, schimpfen und kreischen, Bettines Brille geht zu Bruch, die Besucher der Ausstellung kommen aus den anderen Räumen gelaufen. Christiane lässt das impertinente Geschöpf los und verlässt das Schlachtfeld. Sie fühlt sich als Siegerin. Bettine setzt das Wort von der »Blutwurst, die toll geworden« in die Welt.

Goethe verbietet den Arnims fortan sein Haus. Aber bei den Weimarern kann Christiane in diesem Streit nur verlieren. Das war ja klar, dass sich die Vulpius mal so vergessen würde. Wie ein altes Waschweib!

»Da du nun Suleika heißest«
Marianne Willemer

Es ist gerade, 1812, die neue Übersetzung des *Diwan* von Hafis, dem persischen Dichter, erschienen. Goethe stürzt sich mit Vehemenz in die fremde Kultur. Er versucht Arabisch zu lernen und besucht einen muslimischen Gottesdienst, russische Soldaten, Baschkiren, feiern ihn im Weimarer Gymnasium. Sie schenken ihm Bogen und Pfeile, die er zu Hause an die Wand hängt. Aber letztlich ist es die Dichtung des Hafis, der andere Ton, der eine Sturzflut von Gedichten hervorruft.

Als er 1814 ausnahmsweise einmal nach Westen, nämlich nach Wiesbaden, zur Kur aufbricht, hat Goethe außer einer schon stattlichen Anzahl von Gedichten an Hafis auch seine Begeisterung im Gepäck. Der Frankfurter Bankier Johann Jakob Willemer bleibt nicht von ihr verschont. Aber das macht Willemer nichts. Er bewundert den alten Bekannten maßlos und hegt selbst eine unerfüllte Liebe zur Dichtkunst. 1803 hat er sein Lustspiel *Die Schädelkenner* an Goethe geschickt, das dieser postwendend für das Weimarer Theater abgelehnt hat.

Nun die neue Begegnung. Willemer bringt seine Lebensgefährtin mit. Sie hat eine bewegte Jugend hinter sich, ist als uneheliches Kind einer Schauspielerin an die Bühne nach Frankfurt gekommen. Willemer hat sie

Marianne Willemer, Goethes Suleika

aus dem zweifelhaften Milieu befreit, oder hat sie nur die Abhängigkeiten gewechselt? Aber sie mag ihn, er ist gut zu ihr, sie lebt mit den Töchtern aus einer vorigen Ehe freundschaftlich zusammen.

Marianne komponiert und singt Lieder zur Gitarre, ihre Zeit als Schauspielerin hat eine gewisse Leichtigkeit in ihrem Umgang hinterlassen, sie ist keines dieser verkrampften adligen Mädchen, sie ist eine Frau mit Lebenserfahrung, eine gereifte Mignon, schon beinahe dreißig Jahre alt. In diesen Zeiten gilt sie nicht mehr als jung. Goethe empfiehlt dem Freund, sie bald zu heiraten. Er denkt an seine eigene spät geschlossene Ehe. Willemer müsse der Lebenspartnerin Sicherheit und Anerkennung vor der Welt geben. Das will der schon lange, aber vielleicht hat er doch ein bisschen Angst vor dem Gerede der Leute. Goethes Rat zeigt Wirkung. Als er im Oktober auf der Rückreise nach Weimar noch einmal nach Frankfurt kommt, ist Marianne bereits Geheimrätin von Willemer.

Er besucht das Paar in der Gerbermühle, dem Sommersitz der Familie im Südosten von Frankfurt. Malerisch am Main gelegen, wird sie zum Aufführungsort einer neuen Liebesinszenierung Goethes. Er braucht jemanden zum Andichten für seine geplante orientalische Gedichtsammlung, seine Suleika.

Als der Geheimrat nach Weimar zurückkommt, ist Christiane krank. Ihre Sorge um das Haus, die Gärten, den anspruchsvollen Mann, den Sohn und dann ihr reichlicher Alkoholkonsum, ihr Übergewicht, das hat ihre Gesundheit aufgezehrt. Sie hat furchtbare Koliken.

Goethe ist sich noch nicht sicher, ob er im nächsten

Jahr wieder nach Wiesbaden reisen soll. Die Gefahren stehen ihm klar vor Augen. Er wird sich in Marianne verlieben, das muss so sein, aber er kann sich befreien, das hat er oft genug gemacht. Und Willemer? Wie wird er reagieren, wenn er das Spiel bemerkt? Goethe fährt natürlich doch.

Beste Voraussetzungen: Schönes Wetter, es ist heiß, man sitzt abends draußen auf der Terrasse wie in Italien. Marianne singt zur Gitarre die frisch gedichteten Verse aus dem *West-östlichen Divan*. Der Meister ist bester Laune. Wie einst, als er in Weimar ankam, ist er der Maître de Plaisir, macht den Blick in den Sternenhimmel und auf den glitzernden Fluss zum Ereignis. Er fühlt sich wie am Hof eines Sultans, nennt sich Hatem, dort steht seine Suleika mit dunklen Locken und tanzt so gelenkig wie eine Haremsdame. Bevor er nicht müde ist, geht keiner zu Bett.

Und dann wird gedichtet. Morgens früh, wenn er von seinem Fenster aus die breiten Kähne über den Main ziehen sieht. Er dichtet für Suleika, und Marianne antwortet. Sie antwortet in ebenbürtigen Versen. Damit hat er nicht gerechnet. Es verzaubert ihn. Und es verzaubert sie, als sie spürt, was für eine künstlerische Kraft ihr da zuwächst. Sie schreiben sich chiffrierte Botschaften, die sie aus den Anfängen der nummerierten Verse des *Diwan* von Hafis gewinnen. Ihre Rollen als Hatem und Suleika verlassen sie dabei nicht. Es werden keine heimlichen Rendezvous verabredet.

Die Gedichte tragen sie am Abend vor. Wenn es nicht Marianne/Suleika wäre, die spricht, keiner könnte ihre Verse von seinen unterscheiden. Sie verraten auch niemandem, dass es ihre sind. Magische Momente. Willemer ist beglückt. Er ist kein Spießer. Die erotische Spannung wird ihm nicht entgangen sein, aber er ist voller Stolz auf seine Frau, auf die Freundschaft mit Goethe, auf diese Stunden in seinem Haus.

Doch irgendwann muss der Dichter abreisen. Er hat seinem Freund, dem Kunsthistoriker Sulpiz Boisserée, versprochen, noch nach Heidelberg zu kommen, so wie im letzten Jahr. Schon in der Kutsche hat Goethe Sehnsucht nach Suleika. Er bittet die Willemers nachzukommen. Sie reisen so schnell wie möglich ab und sind einen Tag früher da als angekündigt, an einem Sonntag. Während Goethe und Boisserée beim Mittagessen sitzen, tritt das Ehepaar ein. Gerade das Unerwartete ist das Schönste daran.

Nach dem Essen gehen Marianne und Goethe alleine die Treppen zum Schloss hinauf. Es ist eine Ruine, von den Romantikern zu neuem Leben erweckt, so weit verfallen und erhalten, dass es die Fantasie der Besucher anregt. Dazu der Blick ins Tal, das noch am Nachmittag in Dunst gehüllt ist, in der Ferne die Rheinebene im Gegenlicht. Es ist Herbst, die Kastanien sind reif, aus den grünen Igeln platzen die Früchte heraus. Alles ist von Bedeutung, alles wird zum Gleichnis. Haben sich Goethe und Marianne tatsächlich im Schlossgarten geküsst, oder waren es Hatem und Suleika?

Sie werden sich nicht wiedersehen. Goethe wirkt in den folgenden Briefen aus Weimar abweisend. Die Sache ist für ihn vorbei, muss vorbei sein. Marianne soll das verstehen. Das ist keine Liebe gewesen, die in einen Alltag übergehen kann. Es ist eine Kunstliebe. Die Wiederholung würde alles zerstören. Trotz aller Bitten Willemers und des Angebots, in seinem

Stadthaus zu wohnen, kommt er nicht wieder. Marianne wird depressiv. Sie verliert eine Zeit lang sogar ihre Stimme.

Erst als Goethe ihr die gedruckte Ausgabe des *West-östlichen Divan* zusendet, stellt sie fest, dass er mehrere ihrer Gedichte darin aufgenommen hat. »Hochbeglückt in deiner Liebe / Schelt ich nicht Gelegenheit, / Ward sie auch an dir zum Diebe. / Wie mich solch ein Raub erfreut!« Sie bewahrt den Liebesraub als Geheimnis. Ausgerechnet dem Schwiegersohn Bettine von Armins, Hermann Grimm – er ist der Sohn von Wilhelm und der Neffe von Jacob Grimm, den Sammlern der Kinder- und Hausmärchen –, verrät sie es schließlich viele Jahre später, mit der Bitte, Stillschweigen bis zu ihrem Tod zu wahren.

Als Goethe von seiner Reise an Rhein und Main zurückkommt, wirkt er deutlich verjüngt, aktiv, lebensfroh. Das muss Christiane aufgefallen sein, und sie wird sich ihren Teil gedacht haben. Ihm wird ihre Kränklichkeit aufgefallen sein. 1815 ist Christiane »zwey Querfinger vom Tode«, wie Goethe am 3. April an Willemer schreibt. Sie hat so etwas wie einen Schlaganfall erlitten. Seitdem ist nichts mehr richtig gut. Aber sie ignoriert die Krankheitsanzeichen, steht, sobald eine Krise vorbei ist, sofort wieder auf, arbeitet weiter, schränkt sich auch sonst vermutlich nicht ein. Sie geht auf Bälle, isst und trinkt viel, mutet ihrem Körper alles zu, was er gerade noch schaffen kann. Goethe ist da viel sorgsamer mit sich, hat irgendwann seinen Weinkonsum reduziert, hat Gewicht verloren. Kann er ihr nicht raten? Aber seine Anteilnahme scheint gering. Das sind die

Nerven, konstatiert ein Arzt. Wie immer bei den Frauen, die Nerven!

Ringe unter den Augen, tiefe Falten, schleppender Gang. Sie ist alt geworden, wirkt beinahe älter als er. Goethe ahnt, dass das nicht allein die Nerven sind, aber er versucht es zu ignorieren. Krankheiten, auch von anderen, sind lästig. Das stört seinen Arbeitsfrieden.

Im Mai 1816 ist Goethe in Jena zum Arbeiten. Zu Hause am Frauenplan macht Christiane Frühjahrsputz, da ist er geflohen. Vielleicht hat sie sich überarbeitet. Am 19. Mai fällt sie beim Anziehen in Ohnmacht. Man lässt sie zur Ader, verabreicht *Spanische Fliege*. Wieso? Das aus den Panzern eines giftig grünen Käfers hergestellte Pulver dient eigentlich als Potenzmittel, reizt die Blase, wird bei den verschiedensten Beschwerden eingesetzt. Allerdings ist die Einnahme hochgefährlich. Schon geringste Mengen können zu einer tödlichen Vergiftung führen.

Am nächsten Tag steht Christiane schon wieder auf, fühlt sich leicht. Geht wieder an ihre Arbeit. Dem Vater signalisiert August Entwarnung. Und sie schreibt am 22. Mai: »Gegenwärtig befinde ich mich ziemlich wohl, der Kopf ist mir sehr leicht, alle Sinne sind frei und heiter, und nirgends ist mehr Druck oder betäubende Schwere zu bemerken. Nur die spanische Fliege incommodiert mich noch etwas.« Eine Woche später kommt es in der Nacht zu Krämpfen und Ohnmachten, was für eine Zuckerkrankheit sprechen könnte, für Durchblutungsstörungen im Hirn. Goethe wird nach Hause gerufen. Am nächsten Morgen ist er da. Als es Christiane immer schlechter geht, wird auch er krank, bekommt Fieber, legt sich ins Bett. Er kann den Tod nicht ertragen. Freundinnen kümmern sich um die Kranke. Sie hat furchtbare Schmerzen, schreit, beißt sich die Zunge durch. Goethe in seinem Schlafzimmer hält sich die Ohren zu. Ruft sie nach ihm? Er hat nicht den Mut, zu ihr zu gehen. Ihr schreckliches Sterben dauert fünf Tage, bis zum 6. Juni 1816. Vielleicht doch ein bisschen viel *Spanische Fliege*, die auf eine vorgeschädigte Niere durch den Diabetes traf. Eine simple Diät hätte sie womöglich retten können.

Was ist die große, die größte Liebe? Die, mit der man am längsten aushält, oder die, für die man am längsten aushält?

Letztere wäre Charlotte von Stein gewesen, die Goethe zehn Jahre lang umworben und für die er auf eine sexuelle Beziehung verzichtet hat. Wahrscheinlich wollte er gar keine sexuelle Beziehung. Da spukte die Schwester Cornelia noch in seinem Frauenbild herum. Die Entsagung als höchste Form der Liebe.

Gegenüber seinem späten Chronisten Eckermann behauptet er 1830, Lili sei seine erste große und vielleicht auch einzige Liebe gewesen.

Oder war es eben doch Christiane? Von ihr sagte er: »Sie ist immer meine Frau gewesen.«

»Der Kuß, der letzte« Ulrike von Levetzow

Und dann noch Ulrike. Ein blasses, dünnes, siebzehnjähriges Mädchen. Er lernt sie in Marienbad kennen. Goethe ist inzwischen zweiundsiebzig. Er wohnt 1821 im Haus der Brösigkes, das sind die Großeltern von Ulrike. Die Mutter, Amalie von Levetzow, kennt er von anderen Aufenthalten. Eine charmante, gut aussehende Dame, die Eindruck bei den Männern macht. Sie hat bereits den zweiten Levetzow geheiratet, und der, ein Vetter des ersten, ist in der Schlacht bei Waterloo gefallen. Nun wartet sie darauf, dass auch der erste stirbt, damit sie Franz Josef Graf von Klebelsberg-Thumburg heiraten kann. Sie ist eine selbstbewusste Frau. Bei ihr spürt Goethe die Grenzen seiner Altherrendominanz. Natürlich ist es auch für sie eine Ehre, mit dem großen Dichter zusammen zu sein. Aber sie hat keine Lust, sich stundenlang etwas über Goethes Gesteinsfunde erzählen zu lassen, wie es Ulrike gutmütig erträgt. Er legt Schokoladestückchen zwischen die Steine, um sie anzulocken.

Im nächsten Jahr sind auch die beiden kleineren Schwestern dabei, er schließt sich der Familie Levetzow an wie ein Großpapa, der seine Witzchen mit den Mädchen macht, Gesellschaftsspiele am Abend initiiert, mit den Damen spazieren geht. Zur richtigen Großmama,

»… Mir ist das All, ich bin mir selbst verloren,
Der ich noch erst den Göttern Liebling war …«
Ulrike von Levetzow

der Madame Brösigke, sagt er, er wünsche sich, noch einen zweiten Sohn zu haben, um ihn mit Ulrike verheiraten zu können, er wolle das Mädchen dann ganz nach seinem Sinne ausbilden. Daran hat Ulrike bestimmt kein so großes Interesse. Sie nimmt sein Gerede sowieso nicht ernst. Man verabschiedet sich aber mit dem Versprechen voneinander, sich im nächsten Jahr wiederzutreffen.

Aber im Februar des Jahres 1823 erkrankt Goethe an einer Herzbeutelentzündung. Mehrmals verliert er das Bewusstsein und hat furchtbare Unterleibsschmerzen. »Der Tod steht in allen Ecken um mich herum«, sagt er zu seinem Sohn. Dabei hat er sich doch schon so auf den Sommer mit Ulrike gefreut. Aber er übersteht die Krankheit, fühlt sich nachher beinahe fitter als zuvor. Das Schicksal hat es wieder gut mit ihm gemeint. Vielleicht will das Schicksal auch, dass er Ulrike wiedersieht. Er reist in Hochstimmung nach Marienbad.

Und dort blüht er vollends auf. Er besucht jeden Ball, tanzt bis zum Morgen, ist täglich bei den Levetzows, die Leute beginnen bereits zu tuscheln. Das ist ihm gerade recht. Sie trauen ihm also offensichtlich zu, dass er an eine Verbindung mit dem Mädchen denken könnte. Und warum auch nicht? Er fühlt sich nicht alt. Er blickt in den Spiegel und sieht einen Mann in den besten Jahren. Warum sollte er nicht noch einmal heiraten? Er träumt von einem Neubeginn. Er könnte ewig leben.

Schließlich bittet er den Herzog, für ihn bei Frau Levetzow um die Tochter zu werben. Für Carl August ist Liebe etwas Käufliches. Und er legt noch ein bisschen was obendrauf. Ein neues Haus in Weimar, eine hohe Pension, wenn Goethe vor Ulrike stirbt. Sie wäre ja eigentlich dumm, wenn sie das ablehnte, denn so lange würde sie nicht zu warten haben, das liege in der Natur, und dann wäre sie eine gemachte Frau.

Frau von Levetzow ist sich nicht sicher, ob das ein Scherz sein soll, ein lustiges Spiel, wie Goethe es so gerne anzettelt. Aber der Herzog versichert, dass alles ganz ernst gemeint sei. Frau von Levetzow spricht mit Ulrike. Nein, bei aller Freundschaft, sie habe den alten Mann ja lieb, aber nein, das könne sie sich nicht vorstellen.

In Weimar haben sie schon von dem Heiratsgerücht gehört, und dort ist der Teufel los. Eine neue Frau könnte den Verlust des Erbes bedeuten. Die Schwiegertochter Ottilie erleidet Ohnmachtsanfälle und treibt den schwachen August an, etwas zu unternehmen.

Frau von Levetzow wird dieses Problem vorhergesehen haben. Nein, das kann man der Tochter nicht zumuten. Sie käme ja in Weimar in eine Schlangengrube. Und außerdem hat Ulrike auch noch gar keine Lust, sich zu verheiraten. Eine richtige Antwort bekommt der Brautwerber nicht, der Herzog wird es Goethe mitgeteilt haben. Der gibt die Hoffnung noch nicht auf, folgt der Familie sogar nach Karlsbad, wohin sie inzwischen gereist ist. Wie peinlich. Versteht er denn gar nicht?! Man feiert dennoch seinen vierundsiebzigsten Geburtstag mit ihm, beschenkt den Meister mit einem Glas, in das die Namen aller Töchter geritzt sind. Sonst herrscht peinliches Schweigen. Goethe wagt nicht zu fragen, was denn nun die Antwort auf seinen Antrag sei, und die Familie fürchtet, er könne jeden Moment fragen.

Schließlich reist er ab. Er hat verstanden, aber er

macht die Niederlage, von der er weiß, dass es die letzte ihrer Art ist, zu literarischem Gold. Wenigstens das ist von jeder Liebe in seinem Leben geblieben. Er schreibt die *Marienbader Elegie*.

> … Mir ist das All, ich bin mir selbst verloren,
> Der ich noch erst den Göttern Liebling war;
> Sie prüften mich, verliehen mir Pandoren,
> So reich an Gütern, reicher an Gefahr;
> Sie drängten mich zum gabeseligen Munde,
> Sie trennen mich, und richten mich zugrunde.

Register der Frauen in Goethes Leben

Anna Amalia von Braunschweig-Wolfenbüttel (1739–1807), durch Heirat mit Ernst August II. Herzogin von Sachsen-Weimar und Eisenach; 1759–1775 als Witwe des Herzogs bis zur Volljährigkeit ihres Sohnes Carl August Regentin. Die Bibliothek der Mäzenin, Komponistin und Musiktheoretikerin war eine der ersten öffentlich zugänglichen Fürstenbibliotheken in Deutschland. | S. 74, 83

Brentano, Bettine (1785–1859), geboren in Frankfurt a.M. als Tochter von Maximiliane, geb. von La Roche, nach deren Tod 1793 sie in einem Kloster erzogen wurde. Nach dem Tod des Vaters, Peter Anton Brentano, zog sie zu ihrer Großmutter Sophie von La Roche. Sie war die Schwester des Dichters Clemens Brentano. Begegnung mit Beethoven. Heiratete 1811 Achim von Arnim, dessen Werke sie nach seinem Tod 1831 herausgab, sieben Kinder. Engagierte sich sozial (während der Choleraepidemie in Berlin), politisch (Abschaffung der Todesstrafe, Gleichstellung von Frauen und Juden) und literarisch. Gab ihre Korrespondenz (*Goethes Briefwechsel mit einem Kinde*, 1835; *Die Günderrode*, 1840 u.a.) in stark bearbeiteter Form heraus. | S. 16, 111–118, 124

Brion, Friederike (1752–1813), aufgewachsen im elsässischen Sessenheim in einem gastfreundlichen Pfarrhaus; lebte nach dem Tod der Eltern bei ihrem Bruder in Rothau im Steintal, wo sie sich mit dem Verkauf von Handarbeiten und einer Pension für Mädchen ihren Lebensunterhalt verdiente, und bei ihrer Schwester in Diersburg und Meißenheim. Von Goethe und Jakob Michael Reinhold Lenz umschwärmt, blieb sie bis zu ihrem Lebensende unverheiratet. | S. 13, 30–34, 39, 43, 84

Buff, Charlotte (1753–1828), geboren in Wetzlar, führte sie nach dem frühen Tod der Mutter den väterlichen Haushalt mit zehn Geschwistern. Heiratete 1773 Johann Christian Kestner, mit dem sie acht Söhne und vier Töchter hatte. Thomas Mann veröffentlichte 1939 seinen Roman *Lotte in Weimar* über die Reise nach Weimar, die Charlotte Kestner 1816 unternahm, um Goethe wiederzusehen. | S. 13, 42f., 46, 50, 53, 98

Delph, Helena Dorothea (1730–1808), selbstständige Kauffrau in Heidelberg, Vertraute von Carl August, war in geheime diplomatische Aktivitäten verwickelt, weshalb Goethes Mutter sie als »die politica Delphin« bezeichnete. | S. 62, 69

Flachsland, Caroline (1750–1809), geboren im Elsass, aufgewachsen in Pirmasens und Darmstadt, wo sie unter dem Namen »Psyche« Mitglied des empfindsamen Darmstädter Kreises wurde. Heiratete 1773 Johann Gottfried von Herder, mit dem sie sieben Kinder hatte, Umzug nach Bückeburg, 1776 nach Weimar. Sie unterhielt einen regen Briefwechsel, schrieb eine Biografie ihres Mannes (1820), bearbeitete seine Schriften und gab sie nach seinem Tod heraus. | S. 35, 37, 40, 48, 50, 94, 97

Goethe, Christiane von, geb. Vulpius (1765–1816), aufgewachsen in Weimar in einfachen Verhältnissen, früh als

Putzmacherin in der Manufaktur Caroline Bertuchs tätig. Lernte Goethe 1788 kennen, 1789 Geburt des Sohnes August, vier weitere Kinder starben früh. Lebte mit Goethe achtzehn Jahre in wilder Ehe. 1806 Heirat. Starb 1816 an Nierenversagen. | S. 13, 95–110, 114f., 117f., 121, 124–126

Goethe, Cornelia Friederica Christiana (1750–1777), fünfzehn Monate nach ihrem Bruder Johann Wolfgang in Frankfurt a. M. geboren. An eigenen Schriften hat sich nur das Brieftagebuch *Correspondance Secrète* an die Freundin Katharina Fabricius erhalten. 1773 Heirat mit Johann Georg Schlosser, Umzug nach Karlsruhe, dann nach Emmendingen, wo sie vereinsamte und kränklich wurde. Vier Wochen nach der Geburt der zweiten Tochter starb sie im Alter von nur sechsundzwanzig Jahren. | S. 13, 14–19, 20, 26–29, 36, 41, 47–51, 55, 64–66, 68, 77–79, 85, 126

Goethe, Katharina Elisabeth, geb. Textor (1731–1808), genannt »Frau Aja« oder »Frau Rat«, als Tochter des Stadtschultheißen Johann Wolfgang Textor in Frankfurt a. M. geboren. 1748 Heirat mit Johann Caspar Goethe. Von ihren sieben Kindern erreichten nur Johann Wolfgang (1749) und Cornelia (1750) das Erwachsenenalter. Mit Bettine von Arnim unterhielt sie eine Freundschaft und rege Korrespondenz, die Goethe für *Dichtung und Wahrheit* als Quelle benutzte. Sie stand mit der Herzogin Anna Amalia und vielen Freunden ihres Sohnes in Verbindung. | S. 7–13, 16, 20, 28f., 35, 55, 58, 62f., 83, 96, 100, 103f., 106f., 111, 114f.

Herzlieb, Wilhelmine (1789–1865), geboren in Züllichau (heute Sulechów, Polen), aufgewachsen als Vollwaise bei der Verlegerfamilie Frommann in Jena. Lebte nach mehreren gescheiterten Beziehungen (u.a. Ehe mit dem Juristen Karl Wilhelm Walch) schließlich in einer Heilanstalt für Geisteskranke in Görlitz, wo sie auch starb. | S. 111, 114–116

Kauffmann, Angelika (1741–1807), geboren in Chur, aufgewachsen am Comer See, galt als zeichnerisches Wunderkind und erhielt Unterricht in Malerei, Musik und Sprachen. Nach Porträtaufträgen reüssierte sie ab 1766 in London mit klassizistischen Werken und wurde in die Royal Academy of Art gewählt. Kurze Ehe mit dem Heiratsschwindler Frederick de Horn, 1781 Hochzeit mit dem venezianischen Maler Antonio Zucchi. Lebte mit ihm, künstlerisch und finanziell äußerst erfolgreich, in Rom. | S. 88, 89, 90, 92

La Roche, Maximiliane von (1756–1793), Tochter von Sophie La Roche, geboren in Mainz, aufgewachsen bei Koblenz. Heiratete 1774 den verwitweten Kaufmann Peter Anton Brentano, der aus erster Ehe fünf Kinder mitbrachte. Zwölf Kinder, u.a. Clemens Brentano und Bettine von Arnim. | S. 42, 48, 51,–53, 60, 112f.

La Roche, Sophie von, geb. Gutermann von Gutershofen (1730–1807), großbürgerlich aufgewachsen in Lindau und Augsburg. Heiratete nach zwei gescheiterten Verlobungen, u.a. mit Christoph Martin Wieland, 1753 den Hofrat Georg Michael Frank von La Roche. Sie hatte acht Kinder, unter ihnen Maximiliane. Lebte nach dem Tod ihres Mannes als erste finanziell unabhängige Berufsschriftstellerin Deutschlands in Offenbach a.M. Ihr Sensationserfolg war *Geschichte des Fräuleins von Sternheim* (1771). Später gab sie eine philosophische Frauenzeitschrift heraus. | S. 47, 51, 53, 112f.

Laßberg, Christiane Henriette Sophie von (1761–1778), geboren in Kleinkromsdorf, war die Adelige Tänzerin am Weimarer Hoftheater unter dem Direktorium von Goethe und Karl Siegmund von Seckendorff. Am 16. Januar 1778 beging sie vermutlich aus unerfüllter Liebe zu dem livländischen Baron von Wrangel im Park an der Ilm Suizid. | S. 80f.

Levetzow, Ulrike von (1804–1899), Tochter von Joachim Otto Ulrich von Levetzow und Amalie von Brösigke. Erzogen in einem Mädchenpensionat in Straßburg, blieb unverheiratet, lebte den größten Teil ihres Lebens auf dem vom Stiefvater geerbten Gut Trziblitz in Nordböhmen. | S. 8, 127–130

Roussillon, Henriette Alexandrine von (1745–1773), geboren in Saarbrücken, nach dem Tod des Vaters im Saarland und in Trier aufgewachsen. In Darmstadt Hofdame der Herzogin von Pfalz-Zweibrücken, unter dem Namen »Urania« Mitglied im Kreis der Empfindsamen. | S. 40

Schönemann, Anna Elisabeth (1758–1817), in Offenbach a.M. geboren, der Vater war ein vermögender Frankfurter Bankier, die Mutter stammte aus einer adligen Hugenottenfamilie, musikalische Erziehung. Heiratete 1778 den Bankier Bernhard von Türckheim, der später Bürgermeister von Straßburg wurde. Als Bäuerin verkleidet, floh Lili mit ihren fünf Kindern vor den Revolutionstruppen nach Deutschland. Später lebte sie wieder in Straßburg und auf ihrem Landgut in Krautergersheim. | S. 57–69, 76, 84, 109, 126

Schönkopf, Anna Katharina (1746–1810), geboren als Tochter eines Zinngießers und Weinhändlers in Leipzig, wo ihre

Eltern einen Gasthof betrieben. Sie heiratete 1770 den Juristen Christian Karl Kanne und starb in Leipzig. | S. 20–26, 62

Schröter, Corona (1751–1802), geboren in der Lausitz, erhielt in Leipzig eine Gesangsausbildung und wurde 1776 als Hofvokalistin und Kammersängerin nach Weimar verpflichtet. Sie betätigte sich außerdem als Schauspielerin, Schauspiellehrerin und Komponistin (u.a. Vertonung des *Erlkönig*) und besuchte die Fürstliche freie Zeichenschule. Starb in Ilmenau in Anwesenheit ihrer Freundin Wilhelmine Probst an Tuberkulose. | S. 82

Stein, Charlotte von, geb. von Schardt (1742–1827), Vertraute von Herzogin Luise von Sachsen-Weimar-Eisenach, Hofdame der Herzogin Anna Amalia, Freundin von Goethe, Schiller und der Familie Herder. 1764 Heirat mit dem Stallmeister Gottlob Ernst Josias Friedrich Freiherr von Stein, der 1793 starb, sieben Kinder. Sie schrieb Dramen, die bis auf eines posthum erschienen. *Die zwey Emilien* wurde zunächst unter Schillers Namen, 1923 dann unter dem Namen der Autorin veröffentlicht. | S. 13, 67, 68, 71–87, 89–91, 95, 97–99, 105f., 108, 126

Stolberg-Stolberg, Auguste Louise Gräfin zu (1753–1835), geboren in Bad Bramstadt, Schwester von Christian und Friedrich Leopold. Zog mit siebzehn in ein Stift für unverheiratete Töchter in Uetersen. Rege Korrespondenz u.a. mit Goethe und Lavater. Heiratete 1783 nach dem Tod ihrer Schwester Henriette in Kopenhagen deren Witwer, den dänischen Staatsminister Andreas Peter Bernstorff, ein Sohn. Nach dem Tod des Mannes lebte sie an unterschiedlichen

Orten, meist bei Verwandten, ab 1823 in Kiel. | S. 61–63, 67f.

Szymanowska, Maria, geb. Wołowska (1789–*1831*), geboren in Warschau, erhielt Unterricht am Klavier und in Komposition, erste öffentliche Konzerte in Warschau und Paris, wo sie in die Gesellschaft eingeführt wurde. 1810–1820 Ehe mit Józef Szymanowski, drei Kinder. War als Pianistin und Komponistin (Klavier, Gesang, Kammermusik) tätig. Eine der ersten Musikerinnen, die von ihrem Beruf leben konnten. Konzertreisen durch ganz Europa. Ab 1828 Hofpianistin der Zarin, erteilte Klavierunterricht und unterhielt einen Salon. Starb in St. Petersburg an Cholera. | S. 7–9

Werthern, Johanna Luise von, geb. Freiin vom und zum Stein (1752–1811), genannt Jeanette, wuchs als Schwester des späteren preußischen Ministers Karl vom und zum Stein in Nassau auf, zog nach der Heirat 1773 auf das Schloss Neunheilingen des Grafen Jacob Friedemann von Werthern, zwei Töchter. Aufenthalt in Madrid, Kontakte zum Dresdner und Weimarer Hof. War maßgeblich am Ausbau des Schlosses Eythra und der Umgestaltung des Parks in einen Englischen Garten beteiligt. | S. 85f.

Willemer, Marianne (1784–1860), geboren als uneheliches Kind der Schauspielerin Elisabeth Pirngruber, aufgewachsen in Wien, erhielt früh Schauspiel- und Ballettunterricht. 1798 Übersiedlung nach Frankfurt a.M., wo sie in Oper und Ballett auf der Bühne stand. Als Ziehtochter in den Haushalt des Bankiers und zweifachen Witwers Johann Jakob von Willemer aufgenommen, Heirat 1814. Nach seinem Tod 1838 gab sie Klavier- und Gesangsunterricht und förderte Künstler. Sie veröffentlichte nie unter eigenem Namen, posthum wurde jedoch bekannt, dass sie ungenannt und nichtsahnend einige Gedichte zum *West-östlichen Divan* beigesteuert hatte. | S. 119–124

Ziegler, Louise von (1747–1814), stand im Dienst des Landgrafen Friedrich V. von Hessen-Homburg, Hofdame der Landgräfin Karoline. War unter dem Namen »Lila« Mitglied im Darmstädter Kreis der Empfindsamen. | S. 40

Quellen und ausgewählte Literatur

Adler, Jeremy: Goethe. Die Erfindung der Moderne. Eine Biographie. München 2022

Appel, Sabine: Im Feengarten. Goethe und die Frauen. Stuttgart 1998

Arnim, Bettine von: Goethe's Briefwechsel mit einem Kinde. Nach dem Text der Erstausgabe hrsg. von Wolfgang Bunzel. München 2008

Beutler, Ernst: Essays um Goethe. Bremen 1957

Biedermann, Gustav Woldemar Freiherr von: Goethes Gespräche. Biedermannsche Ausgabe, hrsg. von Wolfgang Herwig. Zürich 1965–1987

Ders.: Schillers Gespräche. München o.J.

Bode, Wilhelm: Goethes Liebesleben. Dichtung und Wahrheit. Berlin 1914

Boyle, Nicholas: Goethe. Der Dichter in seiner Zeit. 2 Bde. München 1995/1999

Bunzel, Wolfgang: Die Welt umwälzen. Bettine von Arnim geb. Brentano. Hrsg. von Freies Deutsches Hochstift, Frankfurter Goethe-Museum, Frankfurt a.M. 2009

Bürger, Christa: Goethes Eros. Frankfurt a.M./Leipzig 2009

Damm, Sigrid: Christiane und Goethe. Eine Recherche. Frankfurt a.M./Leipzig 1998

Dies.: Cornelia Goethe. Frankfurt a.M. 1988

Dies.: Goethe und Carl August. Wechselfälle einer Freundschaft. Berlin 2020

Dies.: Sommerregen der Liebe. Goethe und Frau von Stein. Berlin 2015
Dies.: Vögel, die verkünden Land. Das Leben des Jakob Michael Reinhold Lenz. Frankfurt a. M. 1986
Diers, Michaela: Bettine von Arnim. München 2010
Drewitz, Ingeborg: Bettine von Arnim. Romantik, Revolution, Utopie. Eine Biographie. Neuausgabe, Düsseldorf 1984
Eckermann, Johann Peter: Gespräche mit Goethe in den letzten Jahren seines Lebens. Hrsg. von Paul Stapf. Berlin/Darmstadt 1958
Eichenauer, Jürgen/Greve, Clemens (Hrsg.): Goethe und die Frauen. Katalog zur Gemeinschaftsausstellung der Frankfurter Bürger-Stiftung im Holzhausenschlößchen und des Goethe-Museums in Düsseldorf/Anton-und-Katharina-Kippenberg-Stiftung. Frankfurt a. M. 1999
Eissler, Kurt R.: Goethe. Eine psychoanalytische Studie, 1775–1787. 2 Bde. München 1987
Friedenthal, Richard: Goethe. Sein Leben und seine Zeit. München 1963
Gersdorff, Dagmar von: Goethes erste große Liebe Lili Schönemann. Frankfurt a. M. 2002
Goethe, Christiane: Tagebuch 1816 und Briefe. In Verbindung mit dem Goethe-Nationalmuseum Weimar nach der Handschrift hrsg. von Sigrid Damm. Frankfurt a. M./Leipzig 1999
Goethe, Johann Caspar: Reise nach Italien im Jahre 1740 (Viaggio per L'Italia). München 1986
Goethe, Johann Wolfgang: Briefe. Historisch-kritische Ausgabe, hrsg. von Georg Kurscheidt und Elke Richter. Bd. 1,1–14,2. Berlin 2008–2021
Ders.: Sämtliche Werke. Nachdruck der Artemis-Gedenk-

ausgabe zu Goethes 200. Geburtstag, hrsg. von Ernst Beutler am 28. August 1949. Bd. 1–17. Zürich 1977
Grumach, Ernst (Hrsg.): Kanzler von Müller. Unterhaltungen mit Goethe. Weimar 1956
Grumach, Ernst und Renate: Goethe. Begegnungen und Gespräche. Berlin 1965
Henscheid, Eckhard: Goethe unter Frauen. Frankfurt a. M. 2002
Kiermeier-Debre, Joseph: Goethes Frauen. 44 Porträts aus Leben und Dichtung. München 2011
La Roche, Sophie von: Geschichte des Fräuleins von Sternheim. München 1985
Maier, Katharina (Hrsg.): Christiane Vulpius. Leben Sie recht lieb. In Eile. Briefe von Goethes Geliebter und Ehefrau. Wiesbaden 2017
Nager, Frank: Der heilkundige Dichter. Goethe und die Medizin. Düsseldorf/Zürich 1992
Naumann, Ursula: Geträumtes Glück. Angelica Kauffmann und Goethe. Frankfurt a. M./Leipzig 2007
Preisendörfer, Bruno: Als Deutschland noch nicht Deutschland war. Reise in die Goethezeit. 8. Aufl. Köln 2015
Prokop, Ulrike: Die Illusion vom Großen Paar, Bd. 2: Das Tagebuch der Cornelia Goethe. Frankfurt a. M. 1991
Reemtsma, Jan Philipp: Essay. In: Arno Schmidt: »Na, Sie hätten mal in Weimar leben sollen!« Stuttgart 2013
Rolland, Romain: Goethe und Beethoven. Frankfurt a. M./Leipzig 1928
Safranski, Rüdiger: Goethe. Kunstwerk des Lebens. 4. Aufl. Frankfurt a. M. 2023
Seele, Astrid: Frauen um Goethe. Überarb. Neuausgabe. Reinbek b. Hamburg 2000

Seemann, Annette: Goethes Orte in Weimar. Berlin 2019
Seng, Joachim: Briefe der Frau Rat Goethe. Berlin 2022
Seydel, Renate (Hrsg.): Charlotte von Stein und Johann Wolfgang von Goethe. Die Geschichte einer großen Liebe. München 1993
Staudinger, Heinz: Goethe auf dem Strohsack. Die liederlichen Jahre in Weimar. Hanau 2023
Zapperi, Roberto: Das Inkognito. Goethes ganz andere Existenz in Rom. München 1999
Zweig, Stefan: Sternstunden der Menschheit. Frankfurt a.M. 1978

Bildnachweis
Falkensteinfoto / Alamy Stock Foto: S. 15; picture alliance / akg-images / akg-images: S. 37, 43; picture alliance / dpa / Bifab: S. 116; picture alliance / Heritage-Images / ©Fine Art Images / Heritage-Images: S. 113; picture alliance / imagebroker / H.-D. Falkenstein: S. 31; picture alliance / ullstein bild – ullstein bild: S. 128; ullstein bild – ullstein bild: S. 52, 101; wikimedia commons: S. 10, 21, 59, 73, 88, 92, 120.

1. Auflage 2024

Lektorat: Claudia Jürgens, Berlin
Umschlaggestaltung: Lisa Neuhalfen, moretypes, Berlin
Covermotiv: picture alliance / dpa / Bifab
Satz: Birgit Cirksena · Satzfein, Berlin
Druck und Bindung: GGP Media GmbH, Pößneck
ISBN 978-3-86915-296-7

www.ebersbach-simon.de

Gedruckt auf Papier aus nachhaltiger Forstwirtschaft
Printed in Germany